中国人文标识

China

| 第一辑 |

春节

阖家欢乐过大年

苏槿 | 著

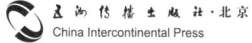

五洲传播出版社·北京

China Intercontinental Press

图书在版编目（CIP）数据

春节，阖家欢乐过大年 / 苏槿著. —— 北京 : 五洲
传播出版社, 2020.9
　　（中国人文标识）
　　ISBN 978-7-5085-4493-9

　　Ⅰ.①春… Ⅱ.①苏… Ⅲ.①春节—风俗习惯—中国
—通俗读物 Ⅳ.①K892.18-49

中国版本图书馆CIP数据核字(2020)第166925号

作　　者：苏　槿
图　　片：图虫创意/ Adobe Stock　白　英　tpg/dreamstime
出 版 人：荆孝敏
责任编辑：梁　媛
装帧设计：青芒时代

春节，阖家欢乐过大年

出版发行：五洲传播出版社
地　　址：北京市海淀区北三环中路 31 号生产力大楼 B 座 6 层
邮　　编：100088
电　　话：010-82005927，82007837
网　　址：http://www.cicc.org.cn, http://www.thatsbook.com
印　　刷：北京顶佳世纪印刷有限公司
版　　次：2020 年 10 月第 1 版第 1 次印刷
开　　本：787mm × 1092mm　　1/16
印　　张：12.5
字　　数：180千字
定　　价：68.00元

｜序

古训有云：一日之计在于晨，一年之计在于春。春节，既是这个"春"的起点，也是周而复始，一年又一年的起点，称得上最为重要的时间节点。

过春节，因此有一种更通俗的说法，叫"过年"。过年，就像撕完一本年历的最后一页，再换上一本新的，并翻开第一页，意味着上一年业已过去，新一年正式到来。因此，过年，在过去的一年和新的一年之间，起着承上启下的作用。

无论什么人，不论贵贱贫富，过年，都要对过去的一年进行一番总结，对新的一年进行一番谋划。民间因此又有"过年大过天"一说，意思是，在过年这件事情面前，其他都没什么大不了的，凡是跟过年无关的事情都可以暂时放下，搁到来年再从长计议。

回家团聚是春节永恒的主题。一方面，在外的游子要利用春节假期，与父母亲人欢聚一堂；另一方面，在家的亲人们要为春节期间的团聚做好充足的准备，置办年货，营造氛围，只为除夕夜的幸福大团圆。

回家团聚还有另一层面的意义，那就是祭祖——在生者幸福团聚的同时，也要通过祭祀，邀请故去的列祖列宗回家看看，感受后世儿孙的幸福生活。

而生活在当下的儿孙则通过祭祖感恩祖德宗功，祈愿祖先庇佑，人丁兴旺，家业千秋。

独具中国特色的家庭观、亲情观世代相承，成为流淌在华夏子孙血脉里的文化基因。正是这样的传承与延续，春节才成为人们最为看重的传统节日，成为承载回家团聚这一主题的重要载体。

有人说，西方人把"爱"挂在嘴边，中国人则把"爱"藏在心里。前者如同鲜花，芬芳艳丽，撩动人心；后者如同种子，植根厚土，最终长成亲情之树。无论枝叶散落何方，花果是否飘零，始终受到根的牵挂。春节，正是万千中国家庭的"亲情树"一年一度结果的时候，是亿万中国人以实际的行动和质朴的语言表达"爱"的机会。春节之于每一位中国人，不单单是一个传承千年的节日，更是一场独特的亲情派对。

目　录

腊月初八 腊八粥

腊月二十三 送灶神

腊月二十四 扫房子

腊月二十五 点豆腐

腊月二十六 炖大肉

腊月二十七 宰年鸡

腊月二十八 把面发

腊月二十九 请好酒

除夕 年夜饭

正月初一 拜大年

正月初二 回娘家

正月初三 鼠嫁女

正月初四 吃折罗

正月初五 迎财神

正月初六 开市吉

正月初七 戴人胜

正月十五 闹元宵

第一章

中国人的过年情结

"爆竹声中一岁除，春风送暖入屠苏。
千门万户曈曈日，总把新桃换旧符。"宋
人王安石写尽了春节所有的热闹和新气
象，更道出了春节的永恒主题——辞旧迎
新。这就是被中国人视为第一大节日的春
节的魅力所在。

PART 01
传统年，传统味

　　无论什么时代，无论物质条件是否丰足，春节之于中国人，都是最最重要的节日，凝聚了中国人最浓厚的情感、最质朴的愿望。

　　按照传统，每年农历腊月中下旬到次年的正月十五，全体中国人，无论男女老少，不论身份地位，都只为一个主题奔波忙碌，那就是过年。

　　对于中国人而言，过年意味着两方面的重大意义：一是对过去一年的总结，包括经济收入、学业收获、精神成长、情感生活等，因此被称为"年关"。年关当然不那么好过，尤其是对于收入不甚乐观的人来说，"过年如过关"也是相当贴切的比喻；二是对来年的展望，有计划，有希冀，就像一年四季中即将到来的春天，充满希望与活力。在这个应该忙于播种与耕耘的季节到来之际，人们对于新一年的计划和打算也同步展开；加之农历正月初一与二十四节气的立春在日期上常有重叠，因此被称为"春节"。春节既是天地自然间春天到来的节日，也是人们在新一年播下希望种子的日子，当然值得盛大庆祝。

　　正因为如此，春节作为最深入人心的中国节日之一，对于中国人来说具有非比寻常的意义，在中国人的内心情感世界占据了不可取代的地位。在千百年的传承演变过程中，春节正如中国人的性格和中国传统文化，兼收并蓄，在不同时期不断融合吸收重要的风俗仪式与民间活动，形成了形式丰富、内容精彩、类目庞杂，又独具特色的民俗文化体系，值得全世界去了解和研究。

从古至今，如何过年

在过去，中国人到底是怎样过年的呢？

南朝人宗懔在民俗著作《荆楚岁时记》里记述了 1400 多年前的年俗：人们在鸡鸣时分就早早起床，先到庭院前燃放爆竹，以驱赶邪魔恶鬼；然后，家里的男女老幼都穿戴正装，按长幼次序互相拜贺新年；拜年完毕，大家聚在一起饮椒柏酒（一种用川椒、柏叶酿造的"仙酒"），喝用桃木熬制的辟邪汤。此外，也饮屠苏酒，吃胶牙饧（一种用麦芽、谷芽熬制的糖，特别粘牙），共享用由大蒜、小蒜、韭菜、云苔、胡荽等"五辛"做成的春盘（又称"五辛盘"）。有意思的是，席间只要饮酒，都是按年龄从幼到长的顺序进行，意思是提醒孩子们又长大了一岁，而大人们则又老了一岁，因此，古人也将屠苏酒等过年专用酒称之为"岁酒"。

清代著名剧作家孔尚任用一首诗《甲午元旦》，风趣地记述了 300 多年前的年俗："萧疏白发不盈颠，守岁围炉竟废眠。剪烛催干消夜酒，倾囊分遍买春钱。听烧爆竹童心在，看换桃符老兴偏。鼓角梅花添一部，五更欢笑拜新年。"大概意思是：我已经老得头上白发稀疏，但除夕夜也跟大家一起围着火炉守岁。蜡烛一点一点燃烧，仿佛有人催它干了这杯夜酒。长辈们把兜里的钱都拿出来打发给小辈，让他们自己去找点乐子。听到外

面的爆竹响起，才觉得自己童心未泯，看着更换桃符的人们，觉得老少欢聚一堂是多么和谐安乐。大家敲响角鼓，梅花在欢声笑语中暗自开放，人们一直狂欢到五更天明时分，于是互相拜贺新年。

　　中国现代著名画家、散文家丰子恺写过一篇短文《过年》，记录的则是100多年前的年俗："年底这一天，是准备通夜不眠的。店里早已经摆出风灯，插上岁烛。吃年夜饭的时候，把所有的碗筷都拿出来，预祝来年人丁兴旺。吃饭碗数，不可成单，必须成双。如果吃三碗，必须再盛一次，哪怕盛一点点也好，总之要凑成双数。吃饭时母亲分送压岁钱，用红纸包好，我全部用以买花炮……"

　　从宗懔到孔尚任，再到丰子恺，一千多年过去了，年俗尽管已大不相同，但阖家团聚的主题、欢乐祥和的氛围却始终如一。再看看现在中国人的年俗：家族性的大团聚已不太可能，多是三五口人的小家庭。人们通过手机、网络，采购年货，跟亲朋好友互相拜年，在各种社交群里发红包、抢红包，一边刷着手机，一边看《春节联欢晚会》。过完除夕，接下来要么吃吃喝喝七天乐，要么举家飞到别处去度假发呆。

春节合家团聚的主题永远如初

表面上看，现代中国人过春节，"年味"越来越淡，但核心主题和关键内涵仍然一脉相承。在过去，传统中国春节所蕴含的内容非常丰厚，其文化内核包括对家庭伦理的重视，对天地自然的敬畏，对生命、生活的期许。在传统中国人眼中，除夕之夜既是时间线上的新旧交替，应当告诫自己时光飞逝，年华易老，勉励彼此珍惜光阴，寸时寸金；更是情感生活的重要节点，在静穆有序的氛围中，通过祭祀与天地神明取得沟通，报恩祈福；通过祭祖与祖宗先辈进行交流，感念恩德，汇报得失；通过与家人团聚相守，共叙天伦，父慈子孝，长幼有序，在其乐融融的同时，各种礼仪道德也得到了传承发扬。而这些德行、礼数正是中国文化上下五千年最具生命力的根，使得中华文明在人类文明的长河中绿树常青。

春节对于传统中国社会来说，就是全民喜闻乐见、热情参与的一堂公开课，其主题是亲情与团聚，其内容则涵盖了关于人生道德的方方面面，既有助于学习改善天（自然）人关系，更有助于提升人与人、人与家庭、

✕ 过年包饺子

家庭与社会的和谐关系。一年又一年，这堂公开课牢牢地吸引了一代又一代中国人，形成了一种类似血脉延续的文化情结，在喜庆热闹的氛围中，文化的种子、道德的力量潜移默化，世代延续。无论过年的形式如何改变，年俗的内容如何因时、因地有所不同，其内核始终严肃如一。

PART 02
新年俗，新年味

在中华民族几千年的历史长河中，疆域版图、政治文化、生活习惯、民风民俗、方言人口等等都发生过无数次流变，作为全民性大型民俗节日，春节就像一只雪球，历经漫长复杂的演变之后，不断吸收融入了不同时代、不同种族的民俗活动，最终形成了以祭灶、燃放鞭炮爆竹、贴春联、贴年画、祭祖、守岁、拜年、闹元宵等为基础内容的大型全民狂欢活动，堪称包罗万象的民俗文化大观，成为中华文化重要的组成部分。

拜年还要不要"拜"

然而，随着中国社会的现代化、全球化进程加速，以城市化为主体的现代文明替代延续数千年的主流农耕文明，春节的形式和内涵也在迅速发生变化，现代人的过年已经与传统年俗千差万别。

在传统农耕社会，春节的重头戏应该是庆祝丰收，在民俗上具体体现在三个方面：一是祭祀天地神明，感恩过去一年风调雨顺，祈祷来年再多

收三五斗粮食；二是祭祖，感谢祖宗保佑，丰衣足食，家和人兴，身体健康，子女成才；三是吃，从进了腊月门就开始忙活，蒸馒头、杀年猪、包饺子等，目的就是让全家老小在过年期间吃好喝足，以期来年天天都能吃得像过年。但在现代社会，农耕已不是主流社会所经历的生活，更不是大家关注的焦点，祭祀与祭祖因此渐渐被淡化。至于春节的重头戏——美食，也大可不必都自己动手制作，去一趟超市就可以解决。

再比如，像祭灶一类的传统民俗活动，也因为现代家庭生活的变化而无从延续。在传统农耕社会，传说灶王爷是玉皇大帝派驻每家每户的"监察御史"，负责监督察看人们的生产生活，老百姓于是在灶台上设神龛，供奉灶王爷的神像。每年腊月二十三，人们把供奉了一年的神像烧掉，相当于送灶王爷返回天庭述职，而为了让他在玉帝面前多美言几句，当天要额外供奉又甜又黏的糖瓜，让他嘴甜得说不出坏话。但在远离农耕生活的

✕ 回家过年

现代都市里，灶台上只有天然气灶，哪来灶王爷的位置？因此祭灶的民俗也渐渐无从谈起。

除此之外，像拜年这样的年俗活动，其形式与内容也早已发生了"革命性"的改变。在传统社会，人们拜年必须登门见面，作揖打拱，晚辈给长辈拜年还要下跪磕头，而长辈则要给晚辈发压岁钱表示还礼。这样具有仪式感的、互动性极强的拜年在现代社会已经不多见了，人们更乐于通过手机，通过社交软件，发出拜年贺岁的文字、图片，或以视频通话的形式互致新年的问候。至于红包，更不需要当面发放，也是通过手机和社交软件完成，甚至更喜欢群发红包，抢红包则成为人人乐于参与的欢乐游戏。很显然，并不能简单武断地说现代中国人已经没有了拜年的习俗，只是拜年的形式，甚至仪式随着时代发展发生了变化。

✕ 春节庙会

历久弥坚的春节情结

　　春节是中国社会生活特有的产物，年俗是社会生活浓缩的精华。社会随着时代在飞速变化，包括年俗在内的社会生活当然不可能一成不变。不能根据一些年俗活动形式上的改变就认为这些年俗不复存在，更不能因为一些仪式或内容的改变而简单地概括为年味越来越淡。世界上不可能有千百年不变的"味道"，如果古人以五谷杂粮为年味，那么，现代人以饕餮盛宴为年味也未为不可。

　　现代人正在用自己喜欢的仪式和内容调制新年味。新年俗的仪式感、互动性，只有投入其中才能深有体会；新年味的回味与韵味，也只有用心去品味，才能发现这只新瓶装的还是那款老酒。因为，无论仪式、形式、内容如何不同，中国人的春节情结从不曾改变，中国人骨子里对家庭与亲情的重视始终不变，阖家团聚的愿望并不因为现代社会生活的日常疏离有丝毫减淡，反而更加强烈，历久弥坚。

正因为烙印在中国人骨子里的春节情结，每逢年关岁末，人们都会暂时放下手里的工作，不远万里，跨越千山万水，克服重重困难，回家过年。这制造了人类每年一度人数最多、线路最为复杂的"春运"。在中国人心里，世界上没有比与家人团聚相守更重要的事情，那才是他们人生的出处，也注定了此生的归途。

第二章

古老又长青的春节

作为最受中国人重视的传统佳节，春节已经陪伴世代中国人走过了3000余年。无论春节的形式如何演变，中国人希望通过过春节来祈求神灵及祖先庇佑，祈祷风调雨顺、阖家幸福的美好愿望从未改变。那么，追根溯源，春节到底从何而来？中国又有哪些与春节有关的历史传说呢？

PART 01

春节，从何处来？

关于春节的由来，中国的民俗学家们大致有三种观点，即腊祭说、巫术仪式说和鬼节说。这三种观点不尽相同，却也互相交叉印证。更重要的是，无论其中哪种说法，都表明中国人的春节由来已久。

腊祭说：岁终祭祀新年祈福

腊祭说是现行最普遍为人们接受的观点。

"关于春节的由来，或说源于上古社会的腊祭。腊即岁终祭众神之名，因而春节乃是由一年农事毕后为报答神的恩赐而来。"这是《中国民间信仰风俗辞典》对"腊祭"给出的定义。其中值得注意的有三点：一是肯定了春节源自上古时期的腊祭风俗，历史极为悠久；二是认为腊祭是上古先民为了祭祀众神，感恩神明保佑；三是指出了腊祭的时间在每年农事完毕之后，即与庆祝丰收有关。

从现有的资料来看，腊祭最早源于炎帝神农时期的"索鬼神而祭祀"

的传说，而这一活动的时间就定在"岁终"。"腊祭"一词，据《康熙字典》，夏代称之为"清祀"，殷代称为"嘉平"，周代称为"蜡"，秦代称为"腊"。可见，"蜡"与"腊"就是一种祭祀名称。为什么中国的上古先民这么重视腊祭，每逢年终岁末就要如此大费周章祭祀一番呢？

上古时期，源于大自然的灾害常常让先民们束手无策，稍不注意便有灭顶之虞，他们将这不可抗力且神秘莫测的力量视为鬼神作怪，而对付鬼神的唯一办法只有求助于天，求助于神，而求助的方式便是祭祀。著名民俗学家段宝林先生说，当时先民们祭祀的神可谓五花八门，除了天神、农神，甚至还有猫神、老虎神等。因此，祭祀在当时应该是一种日常行为。久而久之，祭祀更是由一种流行的民俗活动演化为先民们面对灾害时的一种求生本能。过去的这一年如果灾害频仍，颗粒无收，一定是来自鬼神的惩罚，只能在"年终总结"时通过献祭牺牲让鬼神息怒，以期来年风调雨顺，繁衍生息得以继续。如果这一年风调雨顺，喜获丰收，那一定是神明庇佑，到年终时当然要感恩戴德，殷勤祭祀，祈求来年继续丰衣足食。原始的信仰、朴实的愿望让祭祀世代相传，演绎成一种不可替代的民俗。

腊祭的场面盛大而热闹，先民们载歌载舞，其中有唱词大意为："风沙、泥土不要作恶，返回它的原处；河水不要泛滥，回到它的沟壑；昆虫不要繁殖成灾；野草丛木回到沼泽中去，不要生长在农田里。"可见腊祭的主要诉求都是与自然灾害和农事有关，而这种且歌且舞的氛围也与后来春节的热闹气氛别无二致。

据汉代民俗著作《风俗通义》记载，秦汉时期的岁末祭祀增加了"猎取禽兽以祭先祖"的内容，因此改"蜡"为"腊"，而年终最后一个月也被称为"腊月"，可见每年最后这一个月的核心主题就只有一个——腊祭。当时的祭祀对象除先祖之外，还有"五祀"，也就是五位与日常生活紧密相关的神祇。

隋唐以降，腊祭尽管依旧隆重，但对天地鬼神的祭祀却逐渐被淡化，其核心内容则融入新年祭祀，一方面感恩先祖，一方面为新年祈福。

祭祀、祭祖的习俗至今仍然广泛存在，尤其是祭祖，仍然是现代许多中国人过年习俗中不可或缺的一部分。在许多农村地区，每逢家宴开席前，摆上酒菜"请祖宗"的习俗至今常见。也就是说，经过几千年的演变，虽然中国人祭祀的对象不断变化，但通过祭祀表达感恩的行为从未改变过。尤其是对先祖的祭奠和缅怀之情，自秦汉以来，至今两千多年，始终如一。

巫术仪式说：从降神仪式到庆祝活动

巫术仪式说与春节的渊源也相当深远。有民俗学家认为，今天的人们习惯在过年过节时说吉祥话，做事讲究吉利，与远古巫术仪式上的"咒语"一脉相承。

巫术与祭祀一样，是长期伴随远古先民日常生活的一种民俗活动。不同的是，祭祀是通过献祭祈求神明庇佑，而巫术是通过巫的神秘力量，与神鬼沟通，达到驱灾避祸的目的。因此，大巫小巫在远古先民的日常生活中扮演着神秘而重要的角色，他们主要通过"降神仪式"和"咒语"，成为求神者眼中富有超自然力量的神魔代言人，提供招魂、诅咒、驱鬼、辟邪等帮助。虽然现代社会已难觅大巫小巫的身影，但人们在过年时张贴的门神、佩戴的护身符等都是这种巫术仪式遗留的产物和习俗。

民俗学家王娟是巫术仪式说的重要支持者，她在《中国的春节》一文

× 春节时身着盛装的贵州黔东南州姑娘

中指出："从春节一系列仪式活动来看，春节应该源于古代的巫术仪式，是古代原始信仰之一——巫术的具体表现。所谓巫术仪式，就是原始人相信通过人本身的意志和力量可以调整和控制自然事物的发展。春节期间的各种活动，例如：饮食、祭祀、装饰、娱乐、游艺，以及春节期间的种种禁忌，包括语言、行为、饮食等禁忌，都是围绕着辟邪祈吉而展开的。人们通过自己的行为、语言和表演等来驱赶或避开邪恶，并得到平安和幸福。随着社会的发展，春节逐渐失去了其巫术的内涵而演变成一种庆祝活动。"

这样的说法似乎不无道理。尚处于蒙昧时期的远古先民不仅日常生活离不开大巫小巫的帮助，到了年终岁末的时候，也需要他们代表鬼神给自己一个说法、一些安慰。但随着人类对自然认知的深入，文明之光普照大地，大巫小巫纷纷现出原形，巫术自然也就没有了用武之地。即使在春节这种"有

✕贵州省龙里县湾滩河镇春节举行的"跳洞"祭祀与新年祈福

容乃大"的民俗大观园里，也再找不到巫术仪式的影子。

不过，中国的一些少数民族地区至今仍然保留了部分表演性质的巫术仪式，但其主要作用已经属于文化传承范畴。比如在云南丽江一带，纳西族在每年春节仍然举行的大祭天就类似大型巫术仪式。人们在仪式上用洁净的祭天物祭祀代表天、地、人皇的三棵树，由祭司唱诵民族史诗《创世纪》，而其中就有大量早期纳西族巫师们传唱的巫歌。这些具有远古特征的巫术仪式，如今只是时代车轮渐行渐远的回响。

✕ 陕西西安迎春庙会

鬼神说：从恐惧到欢庆

　　至于鬼神说，人们的了解并不多。根据著名民俗学家徐华龙先生的观点，由于古时候人们科学知识贫乏，生产力低下，无力抵御自然灾害，严冬苦寒，粮食短缺，尤其是到了年终岁首，更是青黄不接，生存受到极大威胁，老人和孩子通常熬不过去，因此年关是对他们最大的考验。古人因为不胜恐惧，认为是鬼神作祟，所以那时的春节是一个"具有神秘色彩、使人战栗的节气"，一旦得以平安度过，人们"才会深感庆幸，欢呼雀跃，相互道贺"，久而久之成为一种固定的民俗。

　　徐先生在《春节源于鬼节考》中指出："春节期间为什么要祭祀祖先，人们又为什么要用令人伤悲的、对祖先亡灵的追忆来冲击节日的喜庆气氛呢？说到底，答案只有一个，那就是鬼的文化底蕴深深地扎根在春节之中。

或者说，春节从其形成雏形开始就打上了鬼文化的烙印，亦可以进一步论证为人们因驱鬼胜利而欢欣鼓舞，而形成了这一节日习俗。"

对上述关于春节起源的观点不能简单地评判是非对错。这三种观点本质上并没有互相矛盾冲突，而是你中有我，我中有你，都能为人们了解春节、研究春节提供可资借鉴的参考。

PART 02
那些关于春节的传说

在几千年的世代传承中，春节演绎出了丰富多彩的仪式和年俗，也衍生出了不同版本的传说。为什么说"除夕"，为什么要"守岁"，"农历年"与"生肖年"又有什么关联呢？

除夕与守岁的故事

既然春节历史悠久，来源神秘，在数千年的发展演绎过程中，民间传说当然少不了。其中，关于"年"的故事就堪称家喻户晓。

传说在远古时期，有一个每到年终岁末就出来危害人类的怪兽叫作"夕"。到了夕兽出动这一天夜里，家家关门闭户，人人都不敢睡觉，眼睁睁地听任怪兽从山林来到村里，为害作乱。有一年，一个叫"年"的孩子来到村里，告诉大家那个怪兽害怕火光，害怕红色，于是家家户户张灯结彩，在夕兽到来的夜里点燃爆竹，吓得夕兽落荒而逃。人们因此欢呼庆祝，互相道贺。而打败夕兽这一天，人们称之为"除夕"，打怪过年也被

✕ 春节点旺火

称为"熬年""守岁"。

在另一个版本的传说里，到村里作乱的是小妖怪"祟"。它的危害有限，喜欢恶作剧，在年三十晚上溜进人家吓唬小孩子，这就是"作祟"。大人们担心自己的孩子被"祟"吓坏，就用红包装上铜钱放在孩子的枕头下面，护佑平安。这也是过年大人给孩子压岁（祟）钱的由来。

如今，人们过年仍然有守岁、熬年和给孩子压岁钱的习惯。

十二生肖的传说

作为与春节贺岁有关的重要民俗文化，生肖文化在中国也有着深远的

影响力。据考证，在汉代就已经有了完整的十二生肖的记录。十二生肖，又叫属相，是中国独有的与十二地支相配的十二种动物，包括鼠、牛、虎、兔、龙、蛇、马、羊、猴、鸡、狗、猪。十二生肖是十二地支的形象化代表，即子（鼠）、丑（牛）、寅（虎）、卯（兔）、辰（龙）、巳（蛇）、午（马）、未（羊）、申（猴）、酉（鸡）、戌（狗）、亥（猪）。随着历史的发展，逐渐融合相生相克的民间信仰观念，生肖文化用于占卜婚姻、解释人生、预测年运等，并以此形成一种观念阐释系统，成为民间文化中的形象哲学。现代，更多人把生肖作为春节的吉祥物，生肖成为娱乐文化活动的象征。

　　关于生肖的传说故事也有很多，最著名的要数当年太白金星传三界的飞禽走兽前往天庭应选十二生肖，并以报到的先后为顺序。老鼠和猫本来是一对好朋友，相约要去天庭应选。但是，狡猾的老鼠却提前独自出发了，并且悄悄跳上牛的犄角。到了南天门外，本该第一个跨进凌霄宝殿的老牛

✕ 十二生肖邮票

却被老鼠抢了先。老鼠从牛角上一跃而下，成功截取十二生肖之首的宝座。另一边，睡醒的猫左等右等都不见老鼠的影子，待它姗姗来迟，发现早已没有了自己的席位，从此猫和老鼠成为世仇，不共戴天。

　　相关的传说故事还有很多，这些故事世代流传。十二生肖也被历代文人写进诗歌、春联，融入书画、艺术作品中。在当代，生肖邮票便是代表。一枚小小的生肖邮票以其中国春节的文化底色，为民间贺岁风俗增添了喜庆的色彩。

PART 03
春节发展简史

春节，这个中国最盛大的传统佳节，并不是诞生伊始就叫这个名字的。从岁首、正旦、元日到现在的春节，节日的内涵虽未改变，但是节日时间和名称却随着历史的发展而不断变化。

彼"春节"非此"春节"

春节习俗虽然由来已久，但在相当长的历史时期里却并不叫"春节"。一些历史文献和文学作品中出现的"春节"一词，也并不是指现在的农历新年春节，而是另有所指。

比如，《后汉书·杨震传》记载，杨震上疏汉安帝说：由于冬季没有留存下来的积雪，"春节"又没有下雨，文武百官都为此焦虑不安。这里的"春节"显然是指春季。再比如，南宋文天祥有"春节前三日，江南正小年"的诗句，由于南方是腊月二十四过"小年"，那么这里的"春节"则是腊月二十七，正是当年的立春节气。可见，这些字面上的"春节"都跟农历正月初一无关。

那么，我们今天所说的春节，古人到底叫什么呢？其中用得最多的，正是我们现在对公历新年1月1日的叫法——"元旦"。宋人吴自牧在《梦粱录》里这样解释：正月第一天称为元旦，俗称新年。但在不同时代，元旦还有不尽相同的"别名"。

在古人看来，农历正月初一是一年之始、春季之始、正月之始，而"始"正是"元"，因此这一天被称为"三元"。先秦的人们把正月初一称作"元日"或"上日"。

到了汉代，人们对正月初一的叫法又有了新花样，如"三朝"，即岁之朝、月之朝、日之朝。加之这一天又是第一个朔日（即每月开始的第一日），因此又被称为"元朔"。除此之外，上日、正朝、三朔、三始等也是对正月初一的叫法，总之就是强调这一天是一年、一季、一月的开始。

在流行骈文的魏晋南北朝，崇尚辞藻华丽的人们更是新创了众多形形色色的文字组合来指称正月初一，如元辰、元首、岁朝等。到了唐宋，有如中国文学从华丽的骈文变身朴素的诗词，正月初一的名称也终于褪去各色华美包装，大体被称为"元旦"或"岁日"等；再往后，"元旦"或"元日"的叫法一直被沿用。

正月初一是新年，来得不容易

春节的名称在历史上很难统一，春节的日期其实也长期没有固定。在春节历史悠久的发展变迁之路上，历朝历代都会根据当时的风俗习惯，并结合当时所采用的历法来确定"元旦"的具体时间。例如，夏代所用建寅夏历，以孟春正月初一为元旦；商代采用建丑殷历，则以十二月初一为元旦；周代通用建子周历，又以十一月初一为元旦；而秦代所颁行的建亥秦历，十月初一又为岁首元旦；汉代武帝改用司马迁、洛下闳创制的太初历后，重新使用建寅夏历，正月初一再次被定为元旦。后来，篡汉的王莽和魏明帝曾一度改用建丑殷历，而唐代武后和肃宗一度改用建子周历。除此之外的历代各朝均采用夏历，直到清末，元旦都被固定在正月初一。辛亥革命推翻帝制后，则启用了中华民国纪年。

1949 年 9 月 27 日，第一届中国人民政治协商会议在决定建立中华人民共和国的同时，决定采用世界通行的公元纪年法，公历的每年 1 月 1 日被称为"元旦"。而农历正月初一的"春节"，作为中华民族的古老传统节日得以延续至今。2006 年，"春节"民俗经国务院批准列入第一批国家非物质文化遗产名录。

不同的民族，同一个春节

作为中华民族最为盛大的节日，汉族以外的众多少数民族同样有欢度新春佳节的传统，比如满族、蒙古族、壮族、哈尼族等，都非常重视春节。

满族的春节主要源于汉族春节传统习俗。汉族人过春节贴大红春联、挂大红灯笼，而满族人则会挂上跟自己红、黄、蓝、白旗人身份相对应的旗帜。除此之外，他们也受汉族人影响，贴福字、包饺子，制作民族传统糕点——沙琪玛。

✕ 饺子

✕ 沙琪玛

"马背上的民族"蒙古族过年也差不多从腊月二十三就开始着手准备，除了洒扫，准备饮食、新衣等，还要给马佩红缨，装新鞍。大年初一一大早，男男女女纷纷跨上骏马，到蒙古包挨个串门拜年，主人家则会拿出好酒招待。

壮族的春节从除夕到正月初二，一共三天。除夕杀鸡宰鹅，准备好酒好菜，而米饭蒸得越多意味着越富裕。北方汉族人要吃饺子才算过年，而壮族人过年则一定要吃粽子。

生活在彩云之南的哈尼族人把春节过成了真正的春天的节日。小伙们上山砍竹子，搭起高高的秋千架；姑娘们蒸米春粑粑。待一切准备就绪，身着新装的姑娘小伙、男女老少开始了过春节的重头戏——荡秋千，在春和景明的日子里，尽情沐浴春风，迎接祥瑞。

台湾的高山族人则把春节过出了小清新的情趣。除夕夜，一家老小"围炉"夜话，桌上煮着火锅，将蔬菜洗净连根一起煮，意思是祝父母长辈长寿如意，全家红火安康。

第三章

热热闹闹准备过年

腊月是一年中的最后一个月。一跨进腊月的门，就要为准备过年操持起来。因为热气腾腾的腊八粥，腊月初八又成了腊月的标记。但真正的腊月年关大准备仍然得从二十三送灶王算起。接下来的每一天都有相应的"年关任务"，也都有各自的传统和讲究。

腊月初八喝腊八粥，二十三送灶神，二十四扫房子，二十五磨豆腐，二十六炖大肉，二十七杀年鸡，二十八把面发，二十九去打酒，大年三十熬一宿。

PART 01
腊月年飘香，从腊八粥开始

　　自腊月起，一直到正月十五元宵节，中国人嘴里吃的、手上玩的、口中谈论的、心中祈盼的，都和春节有关。过小年、扫舍尘、办年货、贴春联、祭祖墓，过年是忙碌的，但也是高兴的。

腊八节与腊八粥

　　腊八，即腊月初八，是进入腊月后第一个跟过年的氛围扯得上关系的日子，也是一个小小的节日，因此又称"腊八节"。

　　腊八节之所以被人们所记取，还因为它是佛教的一个重要纪念日——佛教创始人释迦牟尼的"成道日"。相传，身为王子的释迦牟尼离开王宫之后，遍修各门派教法，甚至在森林里苦修数年，仍然一无所获，人却因为长期苦修和饥饿变得骨瘦如柴。对这些教法备感失望的释迦牟尼不得不决定放弃苦修。他来到一棵菩提树下，接受了一位牧女的乳糜供养，才得以勉强恢复体力。释迦牟尼于是发心证悟，七日后在菩提树下最终悟道，

✕ 腊八粥

而那一天正好是腊月初八。牧女布施的乳糜是一种用乳汁或酥油调制而成的粥，后来在中国就演变成了腊八粥，民间也俗称"八宝粥"。

腊八粥到底有哪八宝呢？通常没固定的搭配，但少不了红枣、枸杞、桂圆、糯米、芝麻、葡萄干、核桃、红糖等物，样数也是可多可少。总之，在寒冬腊月里，一锅内容丰富的腊八粥冒着温暖人心的热气，香甜诱人。腊八粥是腊八必备的美味，老人们喜欢熬，孩子们喜欢喝。正如谚语说的：腊八粥咪咪甜，看到看到要过年。

腊八粥的熬制既讲究配料的样数，也讲究熬制的用心程度。据说，腊八前夜，老人们就开始洗米、泡料，夜里文火慢煨，直到腊八清晨，才算大功告成。因此，有人说，不管是熬腊八粥，还是喝腊八粥，口味和形式都不是最重要的，最重要的是发心，而佛教最看重的就是发心发愿。

正因为如此，不仅家家户户自己熬腊八粥喝，过去大户人家为了积德

✕ 潭柘寺

行善，还会当街施粥，给路人送上一碗暖心的热粥。而更大规模的施粥，当属各佛教寺院，如北京的雍和宫、潭柘寺，杭州的灵隐寺，扬州的大明寺，南京的玄奘寺，西安的大兴善寺，河南的少林寺，成都的文殊院，重庆的华岩寺等。即使是在今天，每逢腊八，众多善男信女还会习惯拥入附近的寺院，心怀虔诚，从出家人手里接过一碗热气腾腾的腊八粥，捧在手里，暖遍全身，仿佛聆听到佛祖的教诲。

传说最好喝的腊八粥

传说信众口中最好喝的腊八粥出自北京潭柘寺。潭柘寺是有着 1700 余年历史的京西古刹，寺中藏有名闻天下的"二宝"：一是龙王殿前廊上的石鱼，二是天王殿前的"宝锅"。这口宝锅是僧人们用来炒菜熬粥的大铜锅，深 1.1 米，直径 1.85 米，但比起寺院用来熬制腊八粥的那口大锅，仍然只算"小儿科"。潭柘寺腊八粥"专用锅"深达 2 米，直径达 4 米，煮粥时需放米 10 石（约合 60 公斤），熬制 16 个小时才能出锅。由于锅大底厚，加上文火慢熬，潭柘寺的腊八粥黏稠扎实，据说在粥上插一根竹筷也不会倒。

潭柘寺的粥好喝，还因为其选材精。大米、黑糯米、玉米渣、芸豆、赤小豆、红枣、花生、莲子、桂圆等十余种配料混搭，不仅口感好，更有利养生。潭柘寺的腊八粥从初七夜就开始熬煮，到了腊八清晨，正是新鲜出锅之时。而此时，排队等待的信众和游客已经络绎不绝。潭柘寺僧人先在大殿举行供佛粥法会，而后再进行施粥活动，场面温馨而祥和。

一碗腊八粥，喝出的是年味，体会的是温暖，结下的是福缘。

除了腊八粥，还吃什么

由于中国南北方饮食差异，当南方人喝下香甜可口的腊八粥时，北方人也没闲着，他们发挥地域出产优势和自己的烹饪特长，端出了别具特色的"腊八面"。腊八面的精华在于用各种果蔬烹饪而成的臊子，浇上豆类熬制的浓浓高汤，油亮喷香，热气蒸腾，吃下去暖胃又驱寒。

腊八粥通常由佛寺布施，而腊八面则主要献祭家神：第一碗供奉给灶王爷享用，第二碗敬献给财神爷，第三碗请列祖列宗赏光，保佑子孙兴旺。祭祀结束，将这三碗面回到锅里，跟家人一起分享，这叫有福同享。

✕ 腊八面

　　除了喝粥吃面，北方严寒地区还有腊八吃冰的习俗。人们在腊八前一天用钢盆舀水结冰，腊八这一天将冰块取出敲碎食用。民间甚至有"腊八吃了冰，一年不会肚子疼"的说法。专家说，这是因为腊月正处寒冬时节，吃点冰就像打预防针，让人体接受一点挑战，以更好地抵御寒冷。后来，吃冰吃成了习俗，把时间固定在腊八这一天，久而久之，变成了腊八节的民俗。

　　吃粥、吃面、吃冰，人们上演"冰与火之歌"的腊八只是过年的热身运动，春节的大幕才徐徐拉起。

PART 02
祭祀祭祖，过年过节的头等大事

春节源于腊祭，祭祀在春节习俗中一直占有相当重的分量，只是随着社会生产和社会生活的演变，最初腊祭中的天地自然神明渐渐为与生活、家庭息息相关的本地神、家神所取代。自汉代开始，由于独尊儒术，倡行孝道，祭祖的分量渐渐高过祭祀，成为春节期间必不可少的重要仪式，也可谓过年期间的头等大事。

春节期间的祭祀活动一般是从腊月二十三祭灶开始。之后，一系列大大小小的祭祀、祭祖活动便有条不紊地陆续展开。

腊月二十三，祭灶神

中国人在春节期间的祭祀活动为什么要从祭灶开始？

答案很简单，那就是"民以食为天"。吃是家庭生活的头等大事，而与吃饭关系最为紧密的神祇当然是常年驻灶办公的灶王爷。

灶王爷是民间对灶神的昵称，更正式的尊称是"灶君"。旧时人家灶台上方都会设置神龛，名为"灶君神位"或"灶君神府"，里面供奉灶神和灶神夫人（俗称"灶王奶奶"）的画像。灶王爷和灶王奶奶长相和蔼，面带笑容，看上去就是食人间烟火、接地气的神祇。灶王夫妇的神像两边通常还有一副小对联：上天言好事，下界保平安。

"二十三，糖瓜粘"，说的就是腊月二十三家家户户准备糖瓜祭灶的习俗。通常，人们用黄米和麦芽熬制成黏性十足的糖做成扁圆的南瓜状，故称"糖瓜"。

祭灶的习俗由来已久，早在春节正式形成之前就已经出现，是当时国家法定"五祀"之一。五祀，又是古代祭祀中与家庭生活密切相关的重要祭祀，所祭对象虽然没有明确的文献记录，但一般认为有门神、户神、井神、灶神、土地神。其中，灶神的职责是掌管人间饮食，吉凶祸福，是真正的"一家之长"。

✕ 糖瓜

为什么要用这种又甜又黏的糖瓜供奉灶神呢？传说，灶王爷是玉皇大帝派到各家各户监视人们日常生活的，每个人的衣食言行、一举一动都要上报天庭。而腊月二十三是灶王爷回天庭述职汇报的日子。老百姓担心他打小报告，说坏话，于是想到了用糖瓜为他饯行，黏他的牙，甜他的嘴，封他的口，希望他不说坏话，多说好话，以便得到天神更多的垂怜和照顾。

过去，北方人擅长做糖瓜，还会将糖瓜做成葫芦状或者瓜形，而在东北地区，人们喜欢做关东糖。关东糖是长条形的，坚硬无比，摔不碎，可以久存。南方人不常吃糖瓜，则用其他的替代，比如福建人就用面糖、方酥糖、豆脆糖等来替代糖瓜。如今，有各种花样的糖果可以代替糖瓜，如同样粘牙的"国货之光"——大白兔奶糖。

祭祀灶神有一套既定流程和仪式：首先是要放鞭炮，表明一家人欢欢喜喜恭送灶王爷和灶王奶奶返回天庭；接下来，家里的主人将糖瓜、清茶供奉到灶王神像前，敬香祈福；礼毕，主人再将灶王神像揭下，点火烧掉，将茶水泼在纸灰上，这样灶王爷便携夫人随着那一缕青烟上天去了。

今天的人们在过去祭灶仪式的基础上增加了一些有趣好玩的元素，比如给灶王爷送上回天庭的豪车，甚至宇宙飞船。这样做无非是希望哄灶王爷和灶王奶奶开心，多说几句好话，并早点带回好消息。

中国人讲究"迎来送往"，腊月二十三送走灶王爷之后，正月初四还有一场隆重的欢迎仪式，恭请述职圆满的灶王爷、灶王奶奶回家，重返神位，继续红红火火的人间生活。

据说，正月初四，在天庭开完大会的诸神都将重返人间的工作岗位，其中就包括灶王爷。灶王爷居家入户的第一件事就是查户口，因此这一天诸事大吉，唯独不宜出门，全家老小都要穿戴整齐候在家里，接受灶神视察检阅。在这一天，大多数人家从清晨就开始准备，牛、羊、猪"三牲"

必不可少，其他酒菜、水果等也是多多益善。由于有"送神早，接神迟"的规矩，接灶神的仪式则要等到傍晚，甚至晚上才正式进行，焚香、点烛、烧金衣也是必有的规定动作。

如今，这样完全按传统流程迎接灶神的仪式已很少有人家会做了，但人们却通过手机和网络玩起了新时代迎灶神的游戏，灶王爷画像的电子版在无数手机屏幕上出现，内容亦庄亦谐。这既是对传统文化的创新传承，也丰富了现代人的娱乐生活。

祭祖，最重要的年节礼仪

从远古先民祭祀天地鬼神，到中国古人祭祀祖宗先辈，经历了相当漫长的历史时期，其中既有社会生产和社会生活发展变迁的因素，也有人类对自然认知深入和文明教化的因素。自汉代人们猎禽兽献祭祖先开始，祭祖就渐渐深入中国人的家庭生活，日常生活中要上香祈祷，谨记祖先恩德，逢年过节更要隆重祭拜祖先，汇报一家人的安康得失。在中国人看来，自己的工作、生活平安顺遂离不开祖先在天之灵的庇护。如果自己做出了一番成绩，当然也有祖先的一份功劳。

中国人看重人情往来，其中有生者之间的嘘寒问暖，也有与故人之间的灵魂交流。祭祖就是人们跟家中故去的先人们最好的交流机会，这既是亲情的延续，情感的宣泄表达，更是一种特殊的文化产物。在不同的地域、不同的年代，祭祖的时间不尽相同，但在祖先的生、忌日，清明、春节等重要的日子，都有必不可少的祭祖仪式。至于祭祖的内容，在不同地方、不同时代也可能存在差异，但一般都少不了上香、烧纸钱、放鞭炮、上大供、上坟等。这些形式正体现了中国社会尊老、敬老、爱老，倡行孝道的优良传统。

根据传统，春节期间的某一天，可能是在腊月下旬，也可能是在正月上旬，一户普通人家通常会召集家族的亲戚团年聚会。在家宴正式开始之前，堂屋会摆设祖先牌位，挂上"祖功宗德流芳远，子孝孙贤世泽长"一类的对联，燃起香烛，肃穆庄重。牌位前的八仙桌上摆满了猪头、鸡、鸭、鱼等丰盛菜肴，碗盏齐整，斟满美酒。在屋角焚烧纸钱。待一切就绪，族中最长者率族人长幼排列牌位前，上香祷告，行礼。礼毕，恭请列祖列宗享用家宴。祭祖仪式结束，家宴才正式开始，大家欢聚畅饮。

旧时北京的祭祖时间通常定在大年初一子时，家长率领全家老幼，男女分左右两排而立，按照辈分向祖宗行跪拜之礼，非常隆重。陕西关中的

✕ 正月十五，人们在祠堂里供奉先祖

祭祖是在除夕的下午至晚上举行，首先要让家中的男子去祖坟跟前"请"祖先；到了晚上，先给祖先的神位进献饭食，然后按长幼顺序给先人上香、磕头，之后才是一家子吃年夜饭。祖先的牌位在春节期间也不撤，从初一到十五，都有家人到灵前祭拜。直到正月十五的晚上，放过鞭炮，撤去祭品，才算过完整个年。台湾地区的祭祖则在除夕的午后，祭品包括清茶、红豆等，也要叩拜祖先，烧金纸钱。

鲁迅先生在小说《祝福》里描写过以前大户人家准备春节祭祖的情景："杀鸡，宰鹅，买猪肉，用心细细地洗，女人的臂膊都在水里浸得通红，有的还戴着绞丝银镯子。"如今，这样隆重的大户人家祭祖的场面已不多见，普通人家各有各的祭法，但无外乎好酒好菜，怎么隆重怎么来。

正所谓：春节人团圆，祖先也团年，这才是过年。

PART 03
置齐年货过好年

如果说祭祀、祭祖是中国人与神明、祖先之间的礼尚往来，接下来需要关照的就是人们自己的现实生活了。毕竟，人才是过年的主角。

既然要过年，要欢乐祥和，衣食温饱一定要解决，置办年货就是重中之重。"二十五，磨豆腐；二十六，炖大肉；二十七，杀年鸡；二十八，把面发；二十九，去打酒……"童谣里唱的都是吃货们所关注的年货。民以食为天。只有人的嘴和胃得到了满足，内心才会荡漾起幸福感。还有一句老话：初一到初五不炒菜。也就是说，家家户户都得赶在除夕之前将年夜饭和过年期间的吃食悉数准备妥当，才能保证全家人吃吃喝喝过个快乐年。

当然，除了吃，年货还包括：大人孩子们穿的新衣，这是仅次于吃的重点；营造过年氛围的各式小玩意，如福字、窗花、春联、灯笼等。总之，为过年置办的一切都称之为年货。

腊月二十五，家家磨豆腐

腊月二十五，家家户户都要准备一样年货，那就是豆腐。

豆腐是地道中国美食的代表。将坚硬如铁的黄豆制作成软嫩如泥的豆腐，既体现了特殊的中国烹饪功夫，也是中国哲学智慧的印证——物极必反，至刚至柔。这大概也是几千年来中国人钟爱豆腐，以及豆腐风靡全世界的原因吧。

两千多年前，中国古人是怎样发明豆腐这道美食的呢？相传这只是一个意外，就像西方很多科学发明都源于意外一样。西汉时期，淮南王刘安痴迷于修仙炼丹。有一次，他在八公山（在今安徽淮南）烧制丹药，偶然将胆巴（即卤水）滴在了豆浆里，使豆浆凝结，得到了美味的豆腐。

这个纯属意外版的传说还不太令人满意，于是就衍生出了另一个更符合中国人精神需要的版本：在非常重视孝道的汉代，淮南王刘安是一个大孝子，他的母亲特别喜欢吃黄豆。有一天，老母亲卧病不起，心心念念想吃点黄豆，无奈黄豆太硬。于是，刘安就让人将黄豆磨成粉，加水煮汤，本来想往汤里放点盐，没想到加入了卤水，豆汤竟凝结起来，嫩滑好吃。于是豆腐迅速在民间流行开来。这种用卤水或石膏作催化剂使豆浆凝结的工艺，被称为"点豆腐"。

豆腐虽好，可为什么过年一定要准备豆腐呢？据说又与灶王爷有关。传说，腊月二十三，玉皇大帝听取了灶王爷的述职报告后，非常关心民生问题，要在腊月二十五这一天到下界巡察。玉帝是个心软的神仙，见不得人间疾苦，如果哪里民生艰难，来年就会赐他们风调雨顺。机灵的人类抓住玉帝这种心理，无论收成如何，都会在腊月二十五装出一副日子过不下去的样子。怎么装才能让玉帝看不下去，又不至于太为难自己呢？人

✕ 磨豆腐

们琢磨出了磨豆腐、吃豆腐渣的办法，果然成功博得玉帝的同情，年年风调雨顺。

故事归故事，传说归传说，真实的原因其实是在物资有限的古时代，过年之前，用黄豆磨成豆腐，制作成豆腐干，既方便储存，又营养美味。再加上豆腐的谐音"都福"，就更讨喜了。过年大家都吃豆腐，希望沾上福气，生活越来越好。

现代的豆腐工艺也有南北派之分。南方点豆腐一般用石膏，色泽白亮，口感柔嫩细滑，俗称"嫩豆腐"；北方点豆腐用卤水，色泽略黄，口感筋道，适合煎炸炒制，又称"老豆腐"。

中国人磨豆腐磨出了花样，吃豆腐更是吃出了心得。在豆腐里加青菜，是"青菜豆腐保平安"，形容生活朴实；用小葱拌豆腐，叫作"一清二白"，意谓品格高尚……

腊月二十六、二十七，备好大肉宰年鸡

二十六，炖大肉；二十七，杀年鸡。紧挨着的这两日准备的都是过年的肉食。如今，吃肉吃鸡是再寻常不过的事，但在过去却不是十分容易的事。过年过年，过的其实是一个坎儿。再艰难的人家，再紧巴的日子，也会在过年前准备好大肉和鸡，图的就是一个吉利。

大肉究竟是什么肉？猪肉？羊肉？牛肉？都是，又都不是。这里说的大肉，其实并不是指的某一种家畜的肉，而是吃肉的一种状态，一种境界。要知道，古代百姓能大口吃肉的日子一年到头也没几天，最多也就是在逢年过节敞开肚皮整两筷子。即使如此，对于辛苦劳作了一年的人们，这也是了不起的大事，是莫大的幸福。

在中国乡村，有腊月前后宰杀"年猪"、储备肉食过年的传统。杀的猪自然是自家养的猪。一家人杀一头猪比较奢侈，很多人家是联合起来杀一头猪。还有一些没有养猪的人家，就要去集市上买过年的肉，称为"割肉"。正所谓，"腊月二十六，杀猪割年肉"。过年全家要消耗的大肉都通过杀年猪，或割年肉准备充足。

在社会经济极不发达的农耕时代，普通人家能吃上肉的日子大概也就是逢年过节了。这也成了大人孩子盼着过年的重要原因之一。而在过年期间痛快地吃上几顿大肉，满足的不仅是口腹之欲，更是富足、幸福的象征。中国人认为，过年有了，这一年都会有；过年过好了，这一年也就会变得顺遂美好。平日里一年到头难得吃到的大鱼大肉，当然要放开吃两顿，而且必须做得丰盛有余，留到下一顿继续，美其名曰：年年有余。

炮制年肉有讲究，一定要有红烧肉。首先，猪肉是"大鱼大肉"的大肉代表；加上调料和酱汁红烧出锅的大肉色泽红亮，寓意红火、兴旺，既

╳ 红烧肉

解眼馋，又解嘴馋，入口肉汁丰盈，满嘴流油，有一种幸福感满满的感觉。如今，红烧肉虽已是寻常百姓餐桌上的家常菜，但在逢年过节来一碗，仍然能吃出那种幸福感。

　　也有的地方将烧制年肉称为炖大肉。比如，在天津，人们一直有过年炖大肉的习俗。到了腊月二十六，家家户户支起一口大锅，不仅要把过年期间的大肉炖好，还要将剩下的猪肉制成腊肉，以便保存到来年，随时取用。有一种说法：炖肉就像过日子，要小火慢慢来。只有这样，才炖得出让人回味无穷的大肉。过日子也是如此，凡事不能急躁，慢条斯理中才能经营出地久天长。

　　至于熏制腊肉，在中国南方、北方都非常流行。传统的做法是将备好的上好猪肉切块，加上灌好的香肠，集中挂在一只临时做成的大火炉里，以柏树枝、稻壳、锯末等为燃料，煨烟熏上一段时间，但切忌不能见明火，

否则就变成了烧烤。在熏制过程中，猪肉和香肠多余的水分被烘干，挂在通风处便可保证来年大半年食用而不变质。熏制后的猪肉表面变得油黄亮泽，煮熟后有一种独特的腊香。为了让这种腊香更特别，人们在熏制时还会加入陈皮、八角等香料，吃起来腊香更加丰富。

备好了大肉，过年的餐桌上怎么能少了鸡呢？腊月二十七，就轮到宰年鸡了。

据说，年鸡必须是公鸡。之所以要在腊月二十七这一天宰杀，并不是为了吃它的肉，而是人们为了报答它的辛勤工作。这样的说法听起来是不是有点匪夷所思？

原来其中是有故事的。传说公鸡本是来自天庭的吉神。中国四大名著《西游记》中，那位下凡帮孙悟空收了蜈蚣精的就是我们的公鸡大神昴日星官。大神奉命来到人间，化身为公鸡，干的工作很辛苦——每天凌晨3

点到 5 点为人们打鸣报时，一年三百六十五天，天天如此，风雨无阻，从不早报迟报，更不缺席旷工。人们为了报答这位大神，决定在腊月二十七这天杀了他的公鸡化身，好让他升天重返天庭，继续当他的昴日星官。

还有另一种说法：由于中国传统社会一直是以男性为主导的父系社会，形成了以雄性为美的审美习惯，那么在一年之中最重要的节日，当然要以具有典型雄性美特征的大公鸡来庆贺，才能显示隆重气派。

以上两种想吃公鸡过年的"借口"其实都属于务虚，真正务实的理由只有一个，那就是负责宰杀年鸡的女主人觉得母鸡留着可以继续下蛋，繁殖后代，公鸡过年过节不杀来吃掉，难道还留着消耗粮食吗？有了这一层考虑，公鸡当然是年鸡的不二选择。人们给它一个更冠冕堂皇的名头，大鸡谐音"大吉"。过年吃鸡，大吉大利！为每一道美食都找到吃它的充足理由，也是中国民俗文化的一大特点。

腊月二十七，办年货赶大集

如今，置办年货非常方便，线下购物，线上购物，随时可以补充年货。在过去，过年前一般有一次统一的大采购，时间通常在腊月二十七。这是年前最后一次赶集，也就是过去人们常说的"年前赶集，年后庙会"。

在几千年的中国传统社会，赶集是中国人必不可少的购物机会，也是非常独特的社交机会。集市历史极为悠久，古称"墟市""集墟"等。所有集市都有固定的赶集日期，被称为"赶集日"或"逢场日"，通常是三天一集，或五天一集。每到赶集日，当地便云集了周边前来买东西、卖东

✕ 年货大集

西的人。人们要买的自然是日用百货，要卖的当然是自家出产的蔬果禽蛋。集市上的商贩一般分为两类，一类是在集镇上有固定店铺、摊位的，从别处批发货物来零售的，称之为"坐商"或"坐摊"；一类是今天赶甲地，明日到乙地，在赶集日才将货物运到集市上，临时摆摊设点的，称之为"行商"或"流贩"。不过对于职业商贩来说，可能甲地的坐商也会在赶集日到乙地、丙地去当行商。

　　无论男女老少，很少有不喜欢赶集的。毕竟集市人头攒动，好不热闹，五花八门，稀奇古怪，应有尽有。春节的集市与平时不同，充满了喜庆的气氛。鞭炮、春联、玩具、礼品、香烛、烟酒、肉菜、粮油、水果、零食……春节所需之物尽可一站式购齐。年货，年货，一定要囤足够量。过年的时候，家里人多，自家需要吃的用的，还有一些是走亲戚拜年用的，一样也不能少。再加上了过了大年三十，很多商铺还要休市，就更需要囤货了。

如今的生活虽然发生了翻天覆地的变化，网上购物更是便利到随时可以买到想要的东西，但中国人还是习惯在年前囤货。因为，置办年货早已成为一种习惯。人们去集市上购置年货只为感受那份喜悦，那种温暖，那股子热闹劲，那份相互问候的人情味。那是网上购物很难替代得了的。

随着时代变迁，社会发展，传统集市已经变身现代化城镇，逢场赶集早已退出历史舞台，取而代之的是各类每天都开放的商场、购物中心，以及 24 小时不打烊的网购。当物欲轻易就能得到满足之后，现代人越来越多地关注精神层面的需求，过年消费不仅限于吃吃喝喝，还有不少人趁着假期出去旅游、娱乐消遣、读书学习。年货的范畴因此逐渐扩大，旅游产品、影视产品、娱乐消费等都已经成为现代社会必不可少的新年货。

腊月二十八、二十九，北方蒸花馍大赛

中国人做事图个好名头，讲个好彩头。因此，从正月初一到初五，平时常见的几种烹饪手法——蒸、炒、炸、烙等都必须停下，为什么呢？因为"蒸"与争执的"争"谐音；"炒"与吵架的"吵"同音；"炸"涉及危险"爆炸"；"烙"与"落"音近，而后者有下降的意思。这些烹饪都停了，那吃什么呢？因此，要在年前就得准备好主要的吃食，除了大肉大鸡，还有蒸出来的馍、馒头等面食。

馍和馒头都是用面粉发酵蒸制而成的，只是由于南北差异，南方人的馒头是辅食，形方面软，通常加糖提味；北方人的馍是主食，形圆面硬，吃的是面食本身的甘甜回味，讲究的是嚼头。

✕ 山西花馍

　　每年腊月二十八，中国北方就掀起了民间发面蒸馍大赛：山西人蒸的是糕儿馍馍，河北人蒸的是枣花，河南人既要蒸馍又要炸疙瘩，山东人蒸的是花饽饽，一片热火蒸腾的景象。唯有北京人、天津人慢半拍，这天只发面，把蒸馒头的活放到了腊月二十九。

　　山西人的糕儿馍馍其实就是一种花馍。花馍，又称面花、窝窝花等，历史悠久，起初是用于重大节日的祭祀物，后来渐在老百姓的日常生活中发挥着举足轻重的作用。花馍主要流行于黄河流域的山西、山东、河南、陕西、甘肃等地。过年做的花馍样式最是丰富，数量也最大，所以，这件事情早在腊月里就已经开始筹备，不一定非要等到腊月二十八。

　　山西人做花馍，春节要做，元宵节要做，清明节也要做，应各种年节氛围，做出不同造型、不同寓意的花馍。春节最常见的花馍有枣花、元宝篮等。除此之外，还会做一些动物花馍，比如做鱼形花馍放在水缸旁，做

狗状花馍放在家门口……这些动物花馍是护佑使者，寓意全家安康。

　　花馍是山西运城闻喜县最著名的传统名点，早在明清时期便已经负有盛名，有"花糕""花馍""吉祥物""盘顶"四大系列200多个品种。2008年，闻喜花馍被列为国家级非物质文化遗产，并于2010年在上海世博会展出。在闻喜县，每逢过年，每家每户制作的花馍大概在200个以上。因为制作工艺烦琐，往往是邻里乡亲聚集在一起，共同完成。蒸熟后的花馍可以保证在正月里都不发霉、不变形，不仅能供给自家人吃到过完年，出门拜年的时候，也是上好的馈赠佳品。

　　山东大娘也都是做花馍的好手。胶东花馍也叫饽饽，以手艺精巧、造型绝美著称，在中国北方蒸馍大赛中，无疑是可以凭颜值胜出的。如果在腊月二十八、二十九走进普通胶东农家，便能一睹著名胶东花饽饽的制作过程，那些寓意吉祥的花鸟虫鱼、飞禽走兽，无不栩栩如生，活灵活现。

✄ 制作花馍

没有图样，没有教材，做花馍的手艺都是一代代胶东妇女心手相传继承下来的。如今的胶东花饽饽，除了传统的花样和图案，人们还加入各种流行、网红的卡通元素，看上去既时尚，又喜庆，备受年轻一代的追捧。2009 年，胶东大花饽饽被列为山东省级非物质文化遗产。

　　和山东花饽饽一样，河南、河北等地蒸出的大花馍也花样繁多。至于慢半拍的北京人和天津人，他们又憋出了什么大招呢？他们在观摩了蒸馍大赛之后，决定去繁就简，只要喜庆应景即可，于是将五根高粱秆儿扎成一把，头头上蘸一点红纸浸泡出的红水，在馒头坯子上轻轻一戳，蒸出的白面馒头上就印上了一朵小梅花儿。这简简单单的一招，叫"鸿运当头"，像极了过年过节在小孩儿额头上点的朱砂。这种"投机取巧"的喜庆馒头，很快被复制推广。孩子们往往认为那五颗红点是糖汁点上去的，喜欢抠下来吃，然后将剩下的白馒头塞给大人。

✕ 花馍

　　当然，老北京人也会花心思做些讲究的馒头，比如各种小动物造型的馒头，一只小兔子、一只小老鼠什么的，非常讨孩子们喜欢。但是，更多的心思还是花在吉祥喜庆的寓意上，比如做一只桃形的，染上红红的桃尖儿，加上绿色的叶儿，象征长寿；再比如做成一只佛手果、一只葫芦，象征多福；也可以做成柿子状，象征事事如意；做成几条鱼，那就象征年年有余、吉庆有余了。

　　大花馍、大馒头不仅在外形上讲究花样和寓意，在味道方面也讲究甜美。除了面食本身的回甘，还有调味的馅，主流的有豆沙、枣泥等等，也有直接做成豆沙包、枣糕的，味道甜蜜且寓意讨喜。

　　蒸花馍的另一大讲究就是蒸法。按照传统，这一天通常不要随便去别人家串门，尤其是在人家上锅蒸馍的时候。如果不小心撞上了，则一定要往炉灶里添把柴火，寓意添些财，这样就皆大欢喜了。如果蒸的时候火候掌握不好，导致出锅的馒头或饽饽裂了口子，不能说馒头裂了，而要说"馒头笑了"。

这就是中国人生活中无所不在的"讲究"。过年不热衷于蒸花馍、大馒头的南方人也有他们的讲究，那就是必需打年糕，寓意"年年高"。

总之，无论是北方人蒸花馍、馒头，还是南方人蒸糯米、打年糕，要的不仅仅是喜庆应景的美食，更看重的是蒸蒸日上的生活。

腊月二十九，过年必须有好酒

到了腊月二十九，该准备的年货也差不多准备齐了，所以这一天一般是查漏补缺的一天，出门再买点零碎的东西，或者做一些放不了那么久的吃食，但一定要记得打酒。

民谚说，二十九，去打酒。过去，酒家通常将酒盛装在坛子里，以便于散卖，所以，打酒就是买散装酒。中国酒文化源远流长，博大精深，祭祀要用酒，亲朋好友来了要喝酒，过年的时候更是离不得酒。

自汉代起，春节饮岁酒之俗蔚然成风。那时候，人们喝的岁酒名为椒柏，用椒花、柏叶浸泡而成，讲求的是养生。魏晋风流，人们则流行喝屠苏酒，这也许跟屠苏叶入酒有关。大唐盛世，人们以豪放不羁行走于世，更少不了美酒美人的陪伴。像李白那样的大诗人，更是大呼："五花马、千金裘，呼儿将出换美酒，与尔同销万古愁。"——把五花马、千金裘统统都拿去换成美酒，我要与你一起借酒消除那万古以来的深愁。

给人文弱印象的宋人也不示弱，在过年期间，一天之内要喝上两顿酒，人们相互邀酒对饮，称之为"别岁"；除此，相互间还要馈赠酒食，称之为"馈岁"。文章风流的宋人也爱喝屠苏酒，他们甚至把酿酒的作坊称为屠苏。王安石描写过春节的名诗《元日》里就写道："爆竹声中一岁除，春风送暖入屠苏。"意思是在爆竹声里，又一年过去了，春风给酿酒的小房间送来了些许暖意。

到了元代，马背上的民族自然也是酒囊里的好汉。而明代，人们喝酒更重视助兴的娱乐节目。到了清代，酒又被人们赋予了更强的社交功能，把酒言欢，酒是最重要的媒介。直到现在，中国人还有拎着好酒登门拜年的习俗，因此每逢过年过节，各类名酒都供不应求。

从历代流传下来的大量展现年节期间饮酒的诗篇就可以看出，喝酒是辞旧迎新最重要的形式。在团年饭宴席上，少不得要有酒来调动大家的情绪。北方初一吃饺子，也要喝酒，还说"饺子就酒，越喝越有"。另外，在古人看来，酒还有驱魔辟邪的作用，年节期间必不可少。少了这口酒，年味都要大打折扣，所以，年俗里又有了"腊月二十九，家家摆好酒"的说法。

PART 04
扫房子、洗福禄，收拾干净过大年

辞旧迎新，除了物资上的准备，还有礼节上的。这其中有一样就是搞卫生。除了家里的卫生，还有自身的清洁卫生。

腊月二十四，欢天喜地扫房子

北方人说的"扫房"，南方人讲的"掸尘"，指的都是打扫卫生这件事。

扫房子是中国人过年前必须要做的一件大事，也是中国人素有的传统习惯。过去，家家户户要在腊月二十四这天对家里的里里外外进行彻底大扫除，欢欢喜喜、干干净净地迎接新的一年。其实，扫房子倒不是只能在腊月二十四这一天，过年前的这些日子，只要有时间，都可以进行大扫除。

看似简单的春节扫尘习俗，早在尧舜时代就已经形成。最初，它是流行于汉族人中间的驱病除疫的宗教仪式。渐渐地，这种宗教仪式演变成岁末的大扫除，但仍然饱含了辟邪除灾、迎祥纳福的美好祝愿。

在中国古人看来，"尘"与"陈"谐音，因而，扫尘埃就有"除陈布新"

✕ 清洗衣服

的寓意。另外，家里干净也对身体大有裨益。在辞旧迎新之际，进行彻彻底底的大扫除，也寄托着人们清走霉运和晦气，祛病防疫，身体健康的美好愿望。

宋朝人的扫尘可能会在除夕进行。宋人吴自牧就曾记录过，无论有钱的官宦人家还是平民小户，都要在除夕打扫门庭，清理屋子，然后再换门神，挂钟馗像，钉桃符等，这样才叫过年。

清朝人扫尘的日子就显得更加多样了。清人徐崧、张大纯在一本名为《百城烟水·苏州》的书中记载，腊月二十七是扫尘日，反映的应该是清代苏州城百姓的扫尘习惯。但在另一本同样反映清代苏州及附近地区的节令习俗的著作《清嘉录》里，作者顾禄又讲道，在腊月将近的日子，要在吉日或者在腊月二十三、二十四、二十七日扫尘除旧。

扫尘可不是简单地扫去屋内外的灰尘，最重要的是要将平日里不常关注的犄角旮旯的卫生死角打扫干净。通常，院子里的重活、体力活交给家里的男人们干，女人们则做一些细碎功夫的活儿，此外，还要将床单被罩、窗帘、衣物等都换洗一遍。如此一天下来，可真是筋疲力尽。但为了能图个吉利，干干净净地迎接新年，再累也是值得的。

表面上看，人们"扫房子"是彻底清洁自己的起居空间；更深层次地看，人们还希望通过这样的彻底清理，扫除生活中一些不好的东西，甚至是精神上一些不好的情绪，让一切不美好都随尘土消失，剩下的以及即将到来的都是美好的。

现代人的生活起居空间，由于日常维护到位，可能已不需要像过去那样大费周章地扫除清洁，但平日忙工作、忙学习的人们能在腊月二十四这一天全身心投入到"扫房子"这样的体力劳动中，不仅对身体健康大有好处，而且通过跟家人一起打扫自己的生活空间，也能增进感情。

洗福禄，洗澡那些事

沐浴，古来起居要事。在古代，沐浴不仅是清洁身体的事，更是一件关乎礼仪的事。凡上朝谒见、会客、祭拜等，都应先焚香沐浴，以示庄重、虔诚。为了迎接春节这样的大日子，沐浴是非常有讲究的。

在过去，有"二十六，洗福禄"的说法。洗福禄并不是洗去福禄的意思，而是指要在腊月二十六这日沐浴，这样来年才会收获更多的福禄。

腊月二十六，人们要忙着备年肉、炖大肉，有些人还要熏制腊肉，这一通忙活下来，身上少不了浓烈的烟火气和各种肉味，在忙完之后，当然要给自己烧一盆热水，好好洗一洗，收拾一番。那么，洗个澡又跟福禄有什么关系呢？

　　民俗最看重的是"讲究"，洗澡沐浴这样的大事，怎么能没个说法？腊月二十六的"六"的方言发音多跟"禄"同音，因此，人们相信在这一天洗澡不仅可以洗走晦气和霉运，而且可以迎来好运，接受福禄的洗礼。此外，老北京还有"二十七洗疚疾，二十八洗邋遢"的说法，依然是谐音加讨喜的套路。而生活在温暖南方的广东人，不仅日常"冲凉"，在年前还用柚子叶烧水洗澡，既能洗去身体的污秽，更能给自己带来健康。其实，不管哪一天，坚持多洗澡、勤洗澡，身体健康了，心情愉悦了，好运自然少不了，福禄也跑不了。

PART 05

贴春联、写福字，吉祥喜图图吉祥

作为年度最为隆重盛大的传统节日，除了准备吃喝，洒扫庭除，还有关系诸多仪式、礼节以及营造氛围的各类物料，也需要一一备齐。这些物料大多是些应景的小玩意，对于春节习俗文化的延续和呈现是必不可少的，比如春联、福字、吉祥喜图等。

过小年，写福字

不同的地区，小年的日子不尽相同。北方一般在腊月二十三过小年，南方地区则通常在腊月二十四。江浙沪地区则把腊月二十四和除夕前一夜都称为小年。

小年这一日，其实也是在为过大年做准备。小年的民俗活动很多，其中就包括写福字、贴福字。福字一写，里里外外一贴，年的氛围立马就出来了。

"福"可谓中国人独有的精神信仰，甚至一切与"福"字发音相同、

相近的事物，都被赋予了福气、幸福、多福等寓意，如葫芦、蝙蝠都因为字面读音关系，被视为福的象征；石榴则因为果实多籽，被视为多子多福的象征。到了过年，中国人怎么可能不好好表现一番自己对"福"的向往，因此写福字、贴福字就成了最直白、最流行的方式。

写福字是一件关乎信仰的仪式，写之前要净手焚香，裁一方"万年红"（一种被染成红色的宣纸），以大号毛笔蘸浓墨，气沉丹田，力运笔端，写下一个饱满的大"福"字。这饱含深情的"福"蕴藏着一家人对来年的所有期许，以及对幸福生活的向往。

到底什么是"福"？"福"字的本义其实是上古时期的一种祭祀方式——以酒来祭祀。酒是用粮食酿造而成的，有酒，就代表粮食充足，丰收吉庆。后来，"福"字的文化内涵渐渐扩大。清康熙皇帝曾写下一个寓意丰富的"福"字送给他的祖母孝庄皇太后。他将多子、多田、多才、多寿、多福等中国

× 贴福字，福临门

式幸福融入一个字里面，被誉为"天下第一福"。据说，孝庄皇太后收到这个"福"字后，百病消除，一直活到75岁。75岁在当时的确是称得上善终的高龄。

什么样的人生才称得上有福的人生？每个人都有自己不同的理解和追求，但中国人用一个"福"字道出了基本准则——心中有信仰，拥有一口田。而过年浓墨重彩地写"福"字，既是对过去一年的总结，更是对未来一年的祝福。

贴福、扫福，从古至今不缺福

每到春节前夕，中国人都愿意将"福"字挂在门口，贴在窗户上，给家里增添一份"福"气，同时用大红喜庆的颜色营造一种节日氛围，寄托美好的祝福。民间还有将"福"字精描细做成各种图案的，如寿星、寿桃、鲤鱼跳龙门、五谷丰登、龙凤呈祥等。

为什么要贴福字？有人说，贴福以求顺利；有人说，贴福可以逢凶化吉、遇难呈祥；还有人说，贴福可以创造幸福。

老话说，有什么都不如有福气。中国人心中的"福气"，往大处讲，包含了国泰民安、风调雨顺；往小处讲，则意味着衣食无忧，健康平安。"福"通常有四层含义：一是长寿，希望长命百岁；二是富贵，希望富有高贵；三是康宁，希望身康体健；四是有德，希望福德兼备。

过年贴福字的时间也颇为讲究。有的是在小年扫完房子之后贴上福字，营造过年的气氛；有的是在腊月二十九，或在除夕日太阳落山之前。贴福字的另一个讲究是贴的顺序，先门后窗，再贴柜子等家具，最后垃圾桶，因为福气应该从外流进来，而不能让家里的福气外流。

贴"福"字的时候，有正着贴的，有倒着贴的，美其名曰："福到了！"据说这种贴法源于清代恭亲王府。一年，王府管家写了几个斗大的"福"字，安排下人贴起来，结果贴字的下人不识字，将"福"字倒着贴了上去。王妃非常生气，好在管家机灵过人，辩称：这"福"倒了，好兆头，预示着恭王府福到了，王爷福到了！王妃觉得有道理，重赏了管家和倒贴"福"的下人。倒贴"福"的传统就这么流传了下来。

但是，"福"真的能倒贴吗？有民俗学家认为，这是很严重的错误。作家、文化学者冯骥才表示，大门上的福字不宜倒贴。他认为，大门上的福字有"迎福"和"纳福"之意，而且大门是家庭的出入口，是庄重的地方，所贴的"福"字须郑重不阿、端庄大方，故应正贴。

那么，哪些地方可以倒贴"福"字呢？冯骥才表示，主要是家中的水缸、垃圾箱以及柜子上。水缸和垃圾箱都是从内往外倒东西，为了避讳把家里的福气倒掉，便倒贴福字，取"倒"的谐音"到"，用"福至"来抵消"福去"。家中的柜子是用于存储物品的地方，将柜子上的"福"字倒贴，为的是祈求能将福气和财气守住。正所谓，小"福"不倒，大"福"不来。

如今，过年时人们依然热衷贴福。与此同时，近几年一种叫作"扫福"的网络游戏悄然走红。一到年前，见人就要问一句："五福集齐了吗？"这里的"五福"说的是通过手机扫"福"字，得到的五张福卡：爱国福、富强福、和谐福、友善福、敬业福。集齐这五福，便可以在年三十开出一个红包，金额虽然不多，贵在这份心意。

那么，中国人常说的"五福"，究竟指的哪五福呢？古代"四书"之一的《尚书》认为，五福即长寿、富贵、健康安宁、遵行美德、善终。而民间则对此进行了通俗化解读，将五福总结成福、禄、寿、喜、财。年画上也常以五福为题，画上五位分别掌管福、禄、寿、喜、财的神仙，题为《五福临门》，还有画上五只蝙蝠陆续飞进一只圆盒的，被称为《五福和合》，寓意五福到来，和和美美。五福进门，中国人的幸福生活才算有了底气。

题桃符，写春联

北宋文学家、政治家王安石的名句"总把新桃换旧符"提到了一样东西：桃符。他说，过年的时候，人们要用新的桃符换掉旧的桃符。那么，桃符到底是什么？直白地讲，桃符就是刻有吉祥神秘图文的桃木块。在今天的一些旅游景区，人们还能买到类似的纪念品，一小块木雕或木刻，穿上红绳，可以拴在手腕上或戴在脖子上，据说可以辟邪，保平安。的确，辟邪保平安正是桃符一直以来的基本功能。古人常将刻有门神画像或姓名的桃木板挂在大门上，用以驱鬼辟邪。民间认为，桃木有驱鬼镇邪的功能，而两位门神：神荼、郁垒，则是传说中善治恶鬼的大神。这种挂在门上的桃符，通常每年一换，因此有了王安石诗中所写的情形，人们在春节新年到来前夕，纷纷用新桃符换下门上的旧桃符，意味着辞旧迎新。

当然，在王安石所生活的北宋，桃符已经经过不断改良，刻画的内容也早不只限于神荼和郁垒，而有了题写联语的风俗，让这个民间驱邪镇宅的物件有了一些风雅的气息。相传，第一个题写桃符的是五代后蜀末代皇帝孟昶。这位文艺青年爱花草，爱美人，爱文学，好风雅。他在桃符上题写下的十个字被推崇为春联鼻祖。这十个字就是："新年纳余庆，嘉节号

✕ 网络语言写成的春联

长春"。后来，红纸渐渐代替桃符，就有了流传至今的春联。

唐末至宋代，民间过年悬挂春联已经较为普遍，这在文人的诗句中有明确的反映。到了明代，春联进一步盛行，这和明太祖朱元璋的大力提倡有很大关系。朱元璋规定，无论官员还是普通百姓家，在除夕前都必须在家门口张贴春联一幅，迎接春节的到来。因为明代打下的坚实基础，使得春联这一民间艺术形式发扬光大、长盛不衰。明朝潮州才子林大钦撰写的一副春联流传至今："天增岁月人增寿，春满乾坤福满门"。至清代，对联依然兴盛繁荣，出现了不少脍炙人口的名联佳对。每逢年节，家家户户贴上福字、春联，再配上大红灯笼，山河大地一片红火喜庆。

红红的春联，红火的节日

对联，也称对子，是中国汉字独有的一种表达形式，由上联、下联和横批组成，通常写在纸上、布上，用于节庆或红白喜事。常年悬挂在庙堂楼宇门口的，刻在竹、木柱上的对联，被称为楹联。一年一度，人们在春节前夕在家门张贴的对联则被称为春联。

由于春联专用于庆贺新年，因此写在红纸上。在中国人看来，红色象征吉利，代表喜庆，节日或生日穿红、戴红则会带来好运。把春联贴在大门上，不仅看上去热闹喜庆，而且象征着生活红红火火。

至于春联是如何在民间产生的，有两种传说：一说明太祖朱元璋曾下过一道圣旨，家家户户都必须贴上春联，人们于是找到了比桃符更方便快捷的载体——纸来书写。没想到这次改良意外成功，于是就有了在红纸上写春联的习俗。另一种说法则又跟除夕夜驱赶年兽"夕"有关。红红的春联是人们用以吓唬年兽的红色事物之一。而在红纸上写下吉利话，就演变成了写春联的习俗。

当然，这仅仅是民间传说。春联在历史上的真正发展应该从五代孟昶题写桃符的风雅演变成一种流行习俗开始，只是桃符在后来逐渐被纸张代替，就成了今天我们依然盛行的对联。除了写在红纸上的春联，还有写在白纸上的挽联。在云南玉溪等地，有亲人去世的人家春节贴的对联就不用红纸书写，而是在服孝第一年用白纸书写，第二年用绿纸书写，第三年用黄纸书写，待三年孝期届满，第四年才恢复成用红纸书写。此外，一些寺庙里的春联则用黄纸朱墨来书写。

春联既是对联的一种，内容上自然也讲求平仄对仗，是集文学、书法于一体的艺术展现形式。中国古诗流行五言、七言，春联也以五字和七字为主，当然长短不拘。比较典型的，如四字联"德门多福，仁里长春"，五字联"梅花开五福，竹叶报三多"，六字联"大鹏高翔万里，小龙腾飞千年"，七字联"祈福德风调雨顺，祝土地国泰民安"，八字联"辞旧岁捷报传千里，迎新年春风吹万家"，九字联"爆竹两三声人间换岁，梅花四五点天下逢春"等。横批则是统一的四个字，内容上为对联内容的总结或提炼。

发展到今天，人们已经不那么注重严格的对仗，甚至在春联里加入了网络流行语，春联的内容稍微随意活泼一些。比如"红红火火恍恍惚惚，大吉大利今晚吃鸡""桃花朵朵如意春张灯结彩，颜值爆表幸福年欢天喜地"等等，内容诙谐幽默，却不失喜庆祥和的气氛。

至于贴春联的时间，虽然没有特别的限定，但很多人会选择在年三十，也就是新年到来前一天张贴春联。按传统的说法，二十四节气的立春、

✕ 春节贴窗花、对联

立夏、立秋、立冬前一日叫"绝日"，也就是不算什么好日子，如果某年的年三十正好跟立春重合，那么这一年的年三十及其前一日都不适合贴春联，而应该提前到腊月二十八。现代人去繁就简，没那么多讲究，但仍遵照旧俗，习惯于在年前最后一天贴春联。

家宅的大门口一定是贴春联的首选地。面朝大门，上联居门右侧，下联居门左侧，横批在门楣中间，有抬头见喜，普天同庆的意思。

吉祥喜图图吉祥

中国传统民俗里有一个特别的组成部分，就是吉祥民俗。像春节、元宵、中秋、重阳、冬至等传统的重大节庆，或吉日庆典的时候，甚至在百姓的日常生活中，一些吉祥话、吉祥图和吉祥物等都会被广泛用到。这样的表达与西方或其他民族在重要时节和场合里互致问候，彼此祝福，似乎没有什么区别，但在形式和内容上则更加丰富，自成一体。

在春节这样重要的美好节日里，吉祥民俗被运用得更加广泛。比如人们见面的拜年祝贺，通常说的"新春大吉""吉祥如意"等，每句话，甚至每个词都含有顺利、安好等祝愿。其中，从用得最频繁，也最受欢迎的"吉""祥"两个字的本意来看，"吉"有顺利、美好的意思，而"祥"有吉利、幸福的意思。

逢年过节，人们不仅要把这些吉祥话说出来，还要用画笔把这番美好的祝愿描绘出来，张贴悬挂在家里，或拿去赠送给他人，这就是中国传统工艺美术作品中独有的一个品类：吉祥喜图。

吉祥喜图从内容上来说，就是把所有寓意美好的事物按需组合在不同的主题画面上，而主题无外乎平安、富贵、长寿、喜庆等。通过这些画面，人们向自己和他人表达不便于口述或表白的种种愿望和期许，画者有心，观者会意，就已经给自己和别人送上了最美好的祝福。据考证，吉祥喜图最早始于商周时期，在一些祭祀的青铜器上就铭刻着具有类似功能的图案和文字。历经两千多年发展演变，在明清达到鼎盛，吉祥喜图几乎到了"图必有意，意必吉祥"的地步。现代沿用的众多吉祥喜图图案均来自清代图本。

从这些吉祥喜图上可以看到，花鸟虫鱼、山川湖海都成为寄托中国人美好祈愿的载体。有的因形寓意，有的因声寓意，只要能跟吉祥关联的，都是吉祥喜图竭力描绘的素材。其中，最为常见的莫过于蝙蝠，如各种版本的"五福图"都是由五只形态各异的蝙蝠与其他吉祥事物构成的画面。除了具象的描绘，还抽象演绎出"蝠（福）纹"，更是被广泛地运用到各

种吉祥喜图上。现在留存下来的一些清代瓷器、家具及建筑上，蝠纹运用最为常见。因为古时人们相信，蝙蝠这种昼伏夜出的神秘动物、唯一会飞行的哺乳动物，一定能给人带来福气。

除了蝙蝠，传统吉祥喜图里还有哪些常见的动物呢？按照古人最热衷的福禄寿喜来说，除蝙蝠以外，应该是鹿。因鹿与禄同音，加之鹿茸在中医看来有强精壮力、延年益寿的功效，因此成了"禄"的代言形象。当蝙蝠与鹿出现在同一幅画面中，这幅画一定叫《福禄双全》；当双鹿站在路上，画名便是《路路大顺》；当鹿与鹤同时出现，那么这幅画就叫《鹿鹤同春》。

鹤是吉祥喜图里"寿"的代言形象，常与松树、老寿星一起出现在同一画面里。因其天生仙风道骨的模样，还能潇洒地在天上飞来飞去，像极了修仙练功的道士，鹤在古人眼中注定不是凡物，被称为"仙鹤"，是祥瑞之兆。宋徽宗赵佶的传世名画《瑞鹤图》，画的就是数十只在皇宫大殿上方盘旋飞舞的仙鹤。松，因为长青，被喻为"不老松"，常用来为老人祝寿，如"寿比南山不老松"。老寿星当然是天上管人间福寿的神仙，他时常带着一两只仙鹤出现在一棵不老松下，构成一幅经典的吉祥喜图《松鹤延年》。有时，画面中也会出现嘴里叼着灵芝仙草的神鹿，这都是对长辈最好的祝福。

至于喜，似乎另成一派，其代言形象就是生活中比蝙蝠、鹿和鹤都更常见的喜鹊。喜鹊在很多地方被视为神鸟，而中国广大汉族地区则认为它的出现跟喜事到来有关，促成传说中牛郎织女七夕相会的就是喜鹊。民谚称：喜鹊叫，好事到。吉祥喜图当然少不了这种讨喜的鸟儿，随处可以看到它的身影。一枝新梅上站着一只喜鹊，叫作《喜报春先》；梅枝上站着一对喜鹊，叫作《喜上眉梢》；两只喜鹊中悬一枚古钱，叫作《喜在眼前》；地上一只獾，树上一只喜鹊，叫作《欢天喜地》；喜鹊栖息在梧桐树上，叫作《喜相逢》……

除以福禄寿喜为主题之外，还有更多的吉祥喜图主题，其中最常见也最讨人们喜欢的非鱼莫属，比如《年年有鱼》《鱼跃龙门》《童子抱鱼》等等，都随处可见。

这些内容丰富，花样与时俱进的吉祥喜图，通常以窗花、年画、花瓶等形式出现在中国人的节日氛围里，也融入人们的日常生活。随着时代发展，虽然贴窗花、年画已不像过去那样普遍，但深受人们喜爱的吉祥喜图又通过网络和手机屏幕传承延续。

PART 06
年画，过年的民情画意

中国自古以来就有过年贴年画的习俗。竹报平安、五谷丰登、吉庆有余、麒麟送子、蟠桃献寿等，一切表现福禄寿喜财的内容都可以为年画所用。打开年画，犹如打开了一扇看见中国历史的窗户。的确，年画又是记录人们生活和民俗风情的风俗画卷。在年画中，我们能感受到浓浓的年味，更能读到十足的生活味。

年画有生活，有梦想

作家迟子健说："最早迎接年的，不是灯笼、春联和爆竹，而是年画。"

年画，始于中国古代的门神画。据相关史料记载，早在汉代，年画就已经有了雏形。唐宋时期，年画得到发展，明中叶之后，出现了天津杨柳青、山东杨家埠、苏州桃花坞等著名的年画产地。也就是在明清时期，年画达到了鼎盛，题材之广泛，产量之大，令其成为当仁不让的年俗主角。新中国成立以后，新年画也迎来了空前的繁荣，一批展示人民领袖、劳动模范、

× 陕西凤翔的木版年画制作

革命英雄等题材的年画反映了时代的巨大变化。20世纪90年代后，随着人们审美的变化，过去张贴年画的习俗渐渐式微。

中国年画出产地众多，通常按地域分为两大中心：北方以天津杨柳青、山东潍坊寒亭（杨家埠）为中心；南方以四川绵竹、苏州桃花坞，以及广东佛山为中心。其中，苏州桃花坞、天津杨柳青、山东潍坊和四川绵竹是最为著名的四大民间木刻年画产地。这四地的木版年画在历史上久负盛名，被誉为中国"年画四大家"。除"年画四大家"以外，河南朱仙镇、河北武强县、广东佛山市、陕西凤翔县、天津东丰台等都是比较知名的年画出产地。

年画产地如此众多，制作方法也就五花八门，人工绘制、木印、水印套色、半印半画、石印、胶印等。每种方法都需要几道到十几道工序，才能完成。

年画的内容包罗万象，堪称一部民间生活百科全书，已面世的画样就有两千多种。这些内容题材大致可以分为四类：神仙与吉祥物类，通过隐喻、象征或谐音等手法表现吉利祥瑞，迎福纳祥；世俗生活类，主要表现现实生产生活、节令习俗、时事趣闻等；娃娃美人类，主要表达早生贵子、婚姻美满等良好愿望；故事传说类，主要取材历史事件、民间故事、戏曲等，传播文化知识，普及道德教育。

在漫长的历史发展进程中，受到建筑格局和年画功能的影响，年画体裁形式也是多种多样，细分下来，多达二十多种。比如，以贡笺纸印刷而得名的"贡笺"，画幅较大，山东人称之为"大横披"，四川人称之为"横推"；贴在堂屋迎门处的"中堂"；将一张纸横截成四条、六条或八条的"条屏"；将整张纸裁为三开的"三才"，通常贴在炕头墙上，俗称"炕头画"；贴在窗户上的"窗画"；标示每月农时节令的"历画"；贴在门上的"门画"等等。

现在，在国家的大力扶持和引导下，中国年画有了进一步的发展，也融入了新时代新内容，由过去纯粹的民间年画衍生出商品年画和艺术年画。无论是传统年画，还是新生代年画，都反映了中国人对幸福美好生活的热爱和向往，展现了朴素的信仰和历史悠久的民风，同时为春节的欢乐祥和氛围增色添彩，是当之无愧的民族瑰宝。

作家、文化学者冯骥才说过，"年画为中华文化性质最鲜明、文化内涵最深厚、艺术最绚烂而独异者。中国是农耕古国，生产周期与大自然四季一轮的周期同步，每逢新旧两个周期的交接——过年，则必是大事。在这几天里，要感恩天地，崇仰先人，和睦族亲，祈盼福祉，把对生活的向往尽情宣泄出来。为此，数千年来人们创造了无数充满魅力的民俗方式，其中中华文化性质最鲜明、文化内涵最深厚、艺术最绚烂而独异者就是年画。"

在今天，每到过年时我们能收到丰富多彩的，又精美又创意十足的过年图片，但有多少人还能想起昔日那个给我们带来足够年味的年画呢？只要展开画面，总有扑面而来的生命本色，有最朴素的生活，也有最遥远的梦想，这就是年画。

杨柳青年画

杨柳青木版年画是天津众多的民间艺术中最经典的代表，在中国民间文化和天津文化发展史上占有重要地位。2006 年，杨柳青木版年画入选第一批国家级非物质文化遗产名录。

在如今的千年古镇杨柳青镇，依稀能感受到昔日的繁华。明永乐年间，由于京杭大运河的开通及天津漕运的兴起，杨柳青成为南北商品交易的重要集散地，经济日益繁荣。渐渐地，越来越多的木版年画艺人来到杨柳青镇，加之杨柳青镇当地的杜梨木非常适合雕版，有了这种可用的工艺材料，杨柳青木版年画随即得到空前发展，并在清乾隆、嘉庆年间达到鼎盛。一时间，可谓"家家会点染，户户善丹青"。杨柳青年画在中国年画市场上占据着重要的地位，和苏州桃花坞年画并称"南桃北柳"。

杨柳青木版年画题材广泛，内容丰富，构图饱满，寓意吉祥，雅俗共赏。其画风在继承了宋、元传统绘画的基础上，又受到北京宫廷文化的影响，创立了鲜明活泼、喜气吉祥、题材感人的独特风格。杨柳青年画的取材十分广泛，风俗民情、戏曲人物、历史故事、仕女娃娃、花鸟虫鱼，无不运用，无不生动，尤其是在表达人的情感、情趣和人的生活方面独树一帜。

在杨柳青年画中，最常见的就是白白胖胖的中国娃娃，如创作于清咸丰年间的名画《贵子有余》，留着阿福头的大胖娃娃怀抱一条大鲤鱼，面

若银盘，红光满面，一看就是人见人爱的福气相。这幅画现藏于中国美术馆。再如杨柳青年画代表作《四季平安》图，四个童子怀抱花瓶，瓶象征着平安、吉祥之意；插以莲花，寓意平安连年；插以牡丹，寓意富贵平安。四季康泰、安居乐业，年画之中蕴藏最朴素的心愿。这幅画同样创作于清代，现藏于中国美术馆。

　　如今的杨柳青古镇有大量的年画作坊、艺术馆，成为人们游访的好去处。始建于 2008 年的天津杨柳青木版年画博物馆是一家以收藏、研究、展示杨柳青木版年画为主题的公益性博物馆。博物馆全面客观地反映了杨柳青木版年画的起源、繁荣、濒危、抢救、保护、传承和发展的历史过程。馆内珍藏自明代以来杨柳青木版年画万余张，画版 6400 余块。它的建立对研究天津以及中国北方地区的民俗民风，更好地保护和传承杨柳青木版年画具有重要的作用。

✕ 苏州桃花坞年画《一团和气》

✕ 苏州桃花坞年画

苏州桃花坞年画

今天的桃花坞在哪里？在苏州阊门河，过了石塘桥，出了齐门，就到了古时的桃花河一带，再往西北走，就是桃花坞。

"桃花坞里桃花庵，桃花庵下桃花仙。桃花仙人种桃树，又摘桃花换酒钱。""江南第一风流才子"唐伯虎这首《桃花庵歌》使桃花坞名噪一时。但真正让桃花坞至今名满天下的，却是传统木版年画。

桃花坞木版年画源于宋代雕版印刷工艺，以绣像图案演变入画，到唐伯虎生活的明代，已经成为颇具影响力的民间艺术流派，在清雍正、乾隆年间达到鼎盛。桃花坞年画多取材于民俗生活、戏文故事、花鸟虫鱼等，色彩鲜明，线条简洁，常以大红大绿、明黄浓紫表现喜庆吉祥气氛，整体看上去别具一格。

桃花坞年画最有代表性的作品非《一团和气》莫属。画中一位上了年纪的老妇人（喜神）头梳双髻，头戴大红花，身披桂花宝盖，身着蝠纹八仙红袄，项挂长命富贵锁，下穿鹅黄裹裤，看上去大富大贵。喜神眉眼带笑，口似含元宝，身形团成一团，双手展开一幅卷轴，上书"一团和气"。如今，在一些苏州人家还能看到这幅别出心裁的经典年画。

2006年5月，桃花坞木版年画入选第一批国家级非物质文化遗产名录。

木版年画，遍地开花

除了杨柳青和桃花坞，中国年画还有众多知名产地，年画风格也都各具特色，结合了当地民风民俗，融入了丰富多彩的文化内容。尤其是明清之际，中国年画市场称得上百花齐放，姹紫嫣红。

河南朱仙镇木版年画历史悠久，起于唐，兴于宋，盛于明清，极富民间特色和乡土气息，用色大胆艳丽，内容多取材于历史故事、神话传说等。其中，门神画又是朱仙镇年画最大的特色，尤其是对秦叔宝、尉迟敬德组合的演绎最为精彩。2006年，朱仙镇木版年画入选第一批国家级非物质文化遗产名录。

山东潍坊杨家埠木版年画也是在明代兴起，到清代鼎盛一时，一度"画店百家，画种过千，画版上万"，其中最大的东大顺画店拥有画版300多套，年制画过百万张，其规模和影响可见一斑。杨家埠年画取材更偏向民间社会生活，对整理和研究当时民生民俗极具参考价值。2006年，杨家埠木版年画入选第一批国家级非物质文化遗产名录。

✕ 四川绵竹年画

四川绵竹木版年画曾广泛流行于西南及四川周边地区，素有"四川三宝""绵竹三绝"的美誉。绵竹年画起于宋，兴于明，盛于清。清代后期，甚至有专销锦竹年画的市场开放，年销年画超千万张。绵竹年画题材广泛，内容丰富，历史故事、英雄传说、戏曲人物、美人、娃娃，以及各种祥瑞动物花果等，都是常见的素材。其中，最为抢手的是"天官赐福""招财进宝"等。2006 年，绵竹年画入选第一批国家级非物质文化遗产名录。2008 年"5·12"大地震中，绵竹年画遭受重创，昔日著名的年画村被毁坏殆尽。经过抢救和保护，绵竹年画灾后重生，再次绽放在中国民间艺术大花园里。

"除夕真热闹……老少男女都穿起新衣，门外贴好红红的对联，屋里贴好各色的年画，哪一家都灯火通宵，不许间断，鞭炮声日夜不绝。"老舍先生笔下这样家家户户过年买年画、贴年画的场景已不多见。但在人们对传统过年的记忆里，春联、年画仍然是不可或缺的吉祥年货。

请门神，护平安

门神画是历史最为悠久的一种年画，千百年来备受人们的喜爱。

门神是中国古代家庭祭祀的"五祀"之首，掌管一家人的出入，有镇邪驱鬼的作用。"门神"一词最早见于《礼记注》（东汉·郑玄），有"礼门神"的说法。

中国人贴门神的风俗最早可能在汉代以前就已形成。汉代王充在《论衡》中提到过这一风俗的来历。据《山海经》记载，沧海里有一座度朔之山，生长着一棵大桃树，枝干伸展三千里远，其东北方向的枝干间被称为鬼门，出入成千上万的鬼怪。大桃树上有两位神人，一个叫神荼，一个叫郁垒，负责监管这些鬼怪。发现作恶为害的鬼，他们就用苇索绑了拿去喂老虎。于是，黄帝据此设计了一套驱鬼的仪式，让人们立起人形大桃木，在入户大门上画神荼、郁垒和老虎，悬挂苇索来防御恶鬼入侵。

民间贴门神的风俗大概就是这样来的。由于传说中的神荼、郁垒长相极其凶恶，奇丑无比，也没有固定的画像，各地难以统一，所以后来用桃符代替。南北朝的《荆楚岁时记》也有相关的记载：新年第一天在大门左右贴两位神人的画像，左神荼，右郁垒，俗称门神。

正是由于神荼、郁垒神像不好画，唐代以后，出现了流行至今的一对门神——秦琼、尉迟敬德。传说长安宫中闹鬼，寝殿外"抛砖弄瓦，鬼魅呼号"，吓得唐太宗睡不着觉。他将此事告诉群臣，秦琼请命，与尉迟敬

× 门神

德身着戒装为太宗护殿。太宗准奏，夜里果然太平。唐太宗于是命人画二人形象贴在宫门左右，从此再没闹过鬼。达官贵族们也纷纷效仿，在门上贴"秦军""胡帅"字样，当成门神来用。这一做法流传到了民间，于是以秦琼、尉迟敬德为门神的风俗流传至今。

当然，民间供奉的门神远不止神、郁组合和秦、尉迟组合，常见的还有武将组合——哼哈二将，文官组合——包拯和文天祥等。此外，也有用钟馗、王灵官，以及赐福天官一类神仙组合的。民间贴门神，大多还是以武将为主，如河南人喜欢选用三国大将赵云和马超，河北人则更喜欢用马超和马岱。

要请谁做门神，从来没有明文规定，各家按自己的喜好就可以了。门神一旦贴上墙，两位门神便兢兢业业，日日夜夜，毫无怨言。一家人的平安，皆由他们守护。

第四章

欢欢喜喜过大年

忙完了腊月，接下来还有热闹的正月。初一开门拜个年；初二北方祭财神，媳妇回娘家；初三小年朝，老鼠忙嫁女；初四喜迎灶王归来；初五接五路财神；初六开市送穷；初七踏青出游……燃爆竹、守年夜、拜大年、逛庙会、舞狮舞龙、迎财神、送穷鬼、闹元宵……直到正月十五闹完元宵，年才算真正落下大幕。

PART 01
除夕，辞旧迎新团圆夜

除夕是传统中一年的最后一夜，也是辞旧迎新的关键一夜，因此倍受重视。除夕这天的安排很多，讲究也很多，其中最重要的有三件大事：祭祖、团年饭和守岁。

除夕夜，守岁时

过去，年终岁末的最后一天被称为"岁除"，也就是说，这一天过去，旧的一年就此去除，新年就此到来。除夕，即是指"岁除"这一天的夜晚，也称除夕夜、大年夜、除夜等。一年之中，除夕是中国人心中分量最重的一夜，也是真正的不眠之夜。经过一年的奔波劳作，一家人终于阖家团聚，一定要挂上大红灯笼，换上新衣，告慰祖先，尽享天伦，举杯祝福，熬年守岁，在欢声笑语和爆竹声中辞去旧岁，迎来新年。

老舍先生在散文《北京的春节》里这样描写过去的除夕夜："除夕真热闹。家家赶做年菜，到处是酒肉的香味。老少男女都穿起新衣，门外贴

× 春节民俗——放虎炮

好红红的对联，屋里贴好各色的年画，哪一家都灯火通宵，不许间断，鞭炮声日夜不绝。在外边做事的人，除非万不得已，必定赶回家来，吃团圆饭，祭祖。这一夜，除了很小的孩子，没有什么人睡觉，而都要守岁。"

　　有人说，一年之中只有除夕是人人平等的，无论尊卑贵贱，都盼着过年，都会在除夕夜感受到由衷的快乐和喜悦。

　　除夕这一天的日程安排很多，仪式感也很强，而且每一项都是全家出动。首先是要表达对祖先的怀念，有条件的去祖坟祭祖、上供；没条件的就在家中祖宗牌位前设供，摆酒。接下来，要将房前屋后、家里家外布置起来，红红的灯笼挂起来，吉祥的福字贴起来，门神、春联也一并贴上，营造出喜庆祥和的过年氛围。夜幕降临，最为隆重热闹的大戏开场，一家老小依次围坐，桌上摆满丰盛的年夜饭，家人举杯庆贺新年，互致祝福，从黄昏直到深夜。更讲究的人家还会延续饮岁酒的传统。长辈们还要拿出早已准备好的红包，晚辈们则轮流给长辈磕头拜年，接过长辈们发放的"压岁钱"，亲情与关怀在这样的仪式里交融。有些人家还会按传统置备一张"天地桌"，以供奉酬谢一年来神佛的保佑。

守岁到午夜，新年凌晨到来时分，年轻人和孩子们便争相在院子里放起了爆竹。爆竹声此起彼伏，一直延续到正月初一天明时分。待在屋里的人则继续守岁熬年，端上几盘糕点瓜果，有枣、柿饼、杏仁、长生果等，边吃边聊，有对过去的回想，更有对来年的期许和打算。

新的一年，就这样焕然登场。

除灾病，祈吉祥

除夕既然是辞旧岁、迎新年的关键时间节点，就意味着要将过去和一切不好的都除去，迎来全新的美好一年。因此，除夕的传统习俗中就有一些有关这方面的讲究。比如，除夕这天尽量不吃药，以迎来一年的健康平安。

早在周、秦时期，每到岁末除夕，就会有类似巫祭的驱傩仪式，以击鼓舞蹈驱逐疫鬼。在古人看来，人之所以遭受病痛或不幸，都因为疫鬼作祟，因此在岁末前两日进行"小除"，岁末这一日进行"大除"。

傩文化看上去装神弄鬼，但其中包含了古人的自然崇拜和原始宗教崇拜，融合了多种民俗和艺术表现形式。驱傩者的造型装扮比巫师更为夸张，尤其是花花绿绿的面具，甚至有些吓人。在宋代，驱傩还相当流行，而且朝着戏曲方向演化，将军、门神、判官、村姑、土地爷、灶王爷等都是驱傩者常常扮演的角色。时至今日，在云南、贵州一些地区仍然流传着已经

成为地方戏曲的傩戏或傩舞。

　　如今，人们早已不相信驱傩能驱逐疫鬼，但仍然保留下来在除夕要消除病灾的种种传统。

除晦气，中国红

　　逢年过节，中国的大街小巷，家家户户的房前屋后，通常被装饰点缀得红红火火，看上去既温暖又喜庆。尤其是春节前后，就更是洋溢着一片欢乐祥和的"中国红"。

　　在众多的春节习俗中，许多已经随着时代发展和社会变迁而在新的潮流中被湮没，但过年红色喜庆的基调和氛围的传统却始终不变。这是为什么呢？中国年为什么一定要红？

这还得从年的古老传说讲起。传说远古时候，有一种叫"夕"的怪兽在每年最后一天出来作恶，村民非常恐惧，不得不收拾行囊外出逃难。一次，人们在逃难路上发现一个七八岁的孩子饿倒在路旁。一位好心的婆婆用食物和水把他救醒，准备带他一起躲避怪兽。孩子却冷静地告诉大家："砍些竹子回家，回到村里，我告诉你们怎样对付怪兽。"大家将信将疑地按照孩子说的做了，孩子又让大家在门前多挂红布，于是村民房前树上都挂满了红色布条。

终于等到晚上，害怕的人们根本不敢睡觉。孩子把大家召集到村里的空地上，点起篝火，让大家聚在一起。这时，怪兽夕再次出现了，人们惊恐不已，不知该如何是好。孩子对大家说："我去把怪兽引来，你们一起往火堆里扔竹子。"

孩子朝着夕大声呼喊。夕看到家家户户门上的红布条，不敢往里闯，听到孩子的声音，便循声向人们冲了过来。人们赶紧按孩子的吩咐，纷纷往火堆里投竹子，竹节在火里噼噼啪啪地爆响。已经冲到人群附近的怪兽，被这爆响声吓得往后退缩，然后掉头逃走。等新年的黎明来临的时候，大家发现这个孩子不见了。为了纪念他，人们叫他"年"。

后来就有了除夕过年的说法。年前在房前屋后挂红，用各种红色的饰品营造红火喜庆的氛围，除夕夜燃放爆竹驱走邪魔晦气，就成了世代相传的习俗。久而久之，这火一样的红色就成了中国年独有的色彩，也成了别具魅力的中国红。

如今，不仅人们在过年有用红色装扮家园和穿红的习惯，连家里的一些用品、商店的食品饮料都会应景地用红色包装，电视广告也大量使用红色。

✕ 春节的喜庆装饰

更值得注意的是，在中国春节到来之际，全世界的一些著名地标也会纷纷点亮中国红，向全世界华人送上新年的祝福。

守祟？守岁！

除夕守岁是又一个延续至今的传统习俗。千家万户的守岁都是从一顿丰盛热闹的年夜饭开始的。这顿年夜饭一定要慢慢吃，从黄昏直到午夜方休。这是中国人独有的辞旧迎新方式，既有对即将过去的岁月的留恋，又有对即将来临的新年的期许。

守岁的传统由来已久，晋代周处《风土记》就记载：除夕夜，人们彻夜不眠，以待天明，称为"守岁"。

至于为什么中国人自古就有除夕夜守岁的习俗，则有这样一个传说故事：从前有一个喜欢搞恶作剧的小妖怪，名叫"祟"，每逢年三十就会潜到人家里，趁孩子们睡熟，偷摸他们的头。被摸过的孩子就会大哭，发烧，说胡话，甚至变傻。家长们都害怕"祟"来祸害自己的孩子，于是在那一天夜里整夜不敢睡觉，点起灯火，跟孩子一起"守祟"。由于那一天正是岁末年终最后一天，"祟"与"岁"谐音，就有了"守岁"的说法。

一向讲究养生，推崇早睡早起的中国人为了"守岁"却可以通宵不眠，可见除夕夜的确意义非凡。古人认为，在这个新年旧岁交替的重要时刻，年长者更应珍惜光阴，与年少者一同守岁，更会让他们懂得光阴易逝，人生短暂的道理。而一家人趁守岁的机会，促膝谈心，总结过去，展望未来，为彼此谋划，互相祝福，意义非凡。

守岁过除夕，一元复始，万象更新，人生岁月的篇章翻过一页，全新的一页更值得期待。

除夕守岁，春晚相伴

对于现代中国人来说，除夕夜看"春晚"已经成了一种新的守岁形式。中央电视台的春节联欢晚会起源于1979年，正式开办于1983年，已连续陪伴中国人民度过了30多个除夕夜。春晚的相声、小品、魔术、杂技和歌舞节目早已成为现代中国人过除夕吃年夜饭、守岁最欢乐的背景。中国人无论身在何方，只要一台春晚，就能感觉自己离祖国、离家的距离更近。

✕ 社火

　　尽管春晚相对于春节几千年历史而言，还是新鲜事物，不过，载歌载舞狂欢过年的传统却比春节的历史更悠久。早在春节的前身——腊祭流行的远古社会，人们祭天敬神的时候就会以朱砂抹脸，用鸟的羽毛盛装打扮，吹起号角，击打节拍，且唱且跳，感谢天地神明庇佑，祈求来年风调雨顺，收成更好，猎获更丰。这大概是原始形态的"春晚"。

　　随着社会文明发展进步，夏代开始有了比较正式的庆祝新春的文艺演出，虽然还比较原始粗犷，多是吹吹打打，但已经有了跟"春晚"类似的名称，叫"演春"。再往后，春秋战国时期则出现了相声的雏形，称为"俳优"。

　　以武功著称的汉武帝也是热衷于后宫文艺建设的文艺青年。在以舞姿动人的皇后卫子夫的协理下，汉代后宫兴起了名副其实的"春晚"。当时文艺表演形式有限，主要以杂技、杂耍，穿插助兴歌舞为主。

　　到了大唐盛世，"春晚"的内容已经进一步丰富，观赏性提升了不少，规模和排扬更是空前绝后。后宫佳丽的霓裳羽衣舞，西域女郎的胡旋舞，宫廷贵族的柔婉软舞，再加上来自世界各地的舞乐伴奏，歌舞阵容堪称世界一流。除此之外，其他节目也不逊色，如滑稽表演、相扑、魔术等等都能博得全堂彩。更令人惊叹的是压轴的舞马表演，就是让上百匹高头大马踩着音乐节拍起舞，甚至让它们口衔酒杯，半跪着给客人敬酒。可见，唐朝宫廷夜宴已经是一台内容充实、娱乐性超强的大型"春晚"。据说，这样一台唐朝"春晚"要持续十个多小时，比五个小时的现代春晚时长多出一倍以上。

　　到了清代，宫廷除夕的夜宴就已经有点类似于今天的春晚，集各种表演艺术于一体。之所以如此，是因为经过千百年的社会发展，表演艺术形式已渐趋多元化，从光绪三十年（1904年）的宫廷演出节目单上就可以看到，歌舞、大合唱、新编芭蕾舞剧、表演唱、相声、硬气功表演、小品等应有

✕　自贡灯会

尽有，在演出间歇还会穿插现场采访，甚至会宣读海内外各界发来的贺电。这样的"春晚"是不是已经相当现代？而清朝春晚的"台柱子"不是顶级流量明星，而是老虎、大象等马戏团的主角。这个传统则是从1683年开始的。当时的康熙皇帝斥巨资搭台，请马戏团进宫表演，打造了中国版的"皇家大马戏"。如果说宫廷除夕夜宴相当于今天的央视春晚的话，那么一些大户人家的私人家宴则堪称地方春晚。但比起"央视春晚"，"地方春晚"的阵容与节目无疑简陋得多，大多是请一两个戏班子来热闹热闹。

换句话讲，古代声称与民同乐的帝王在宫廷里莺歌燕舞，却跟老百姓没什么关系，而现代春晚才是真正的全民同乐的除夕盛宴。因此，看春晚早已成为现代中国人除夕守岁的新民俗。每年除夕前几个月，"我要上春晚"就成为全民热议的话题；除夕春晚结束后，有关春晚的热门节目、人物也都会成为人们好长一段时间的讨论热点。

爆竹声声，烟花缤纷

中国"四大发明"之一 —— 火药问世以后，烟花爆竹是其独有的产物，中国春节因此有了燃放烟花爆竹的传统。近年来，由于治理污染，保护环境的需要，烟花爆竹已在中国全面被禁，但在中国人的记忆里，过年的热闹始终是与噼噼啪啪的爆竹声分不开的。

在过去，民间一向有"开门爆竹"的说法，也就是在新年到来之际，家家户户正月初一开门第一件事一定是燃放爆竹，热热闹闹地除旧迎新。爆竹，也叫"炮仗"，因此燃放爆竹被称为"放炮"。将单个爆竹的引线编在一起，串成长串，就是人们所说的"鞭炮"。鞭炮上有多少枚爆竹，燃放时就会发出多少声爆响，响数越多越显得气势。如年三十的第一炮，以及婚丧嫁娶、办大寿的时候，通常会将几卷鞭炮串联起来，在地上铺开几十米到几百米远，或者从楼上、树上垂下，点爆数百响至数千响的"长鞭"，响声连绵不绝，震耳欲聋，要持续几分钟。

按民间的传说，人们燃放爆竹是为了驱赶怪兽。从历史考证来看，春节燃放爆竹的习俗应该始于两千多年前的汉代，当时火药、纸张尚未发明，爆竹的确像传说的那样，是火烧竹子时发出的响声。南北朝《荆楚岁时记》也记载，正月初一，人们鸡鸣时分就起床，先在庭院前爆竹、燃草，以驱赶山魈恶鬼。唐代以后，人们将硝石塞进竹筒再用火燃爆，天然爆竹得以改良，威力大增，这可以算作后来人造爆竹的初级版本。

火药发明后，人们往竹筒里加入了硝石、硫黄、木炭等物，制造了爆炸效果更好的"爆仗"，威力已不是原始爆竹能比的了。到了宋代，人们开始用纸筒替代竹筒，用麻茎裹上火药代替之前的复合燃料，还将这种新纸质爆竹编成一串，这就是鞭炮的原始版本"编炮"。鞭炮遂成为中国人办仪式、搞活动时的常见物品，至于逢年过节，更是无论贵贱，都有燃放烟花爆竹的习俗。

到了清代，爆竹成了过年必不可少的物品，就像诗人写的：闺女要花，小儿要爆。这里的爆，就是指爆竹。正因为燃放烟花爆竹太过流行，清代也有过历史上第一次"禁燃令"：禁放二踢脚（双响爆竹）和"流星赶月烟花"；同时，规定不准在城里卖烟花爆竹，并对燃放时间和区域做了相应的限制。据说，当时的春节、元宵期间，有关部门还会安排人手巡查制作、出售、燃放烟花爆竹相关事宜，发现违规，即予以处罚。

爆竹声声，热闹了过年的气氛；烟花缤纷，点亮了节日的天空。通常

男孩偏爱放炮仗，女孩更爱放烟花。烟花是从爆竹升级演变形成的，始于隋代，那时的爆竹还基本属于天然爆竹。以好玩著称的隋炀帝喜欢耍火药，还为此写诗说：烟花点燃就像千光照耀的灯树，焰火就像枝头绽放的朵朵花儿。到宋代，烟花升级换代，不仅流行于宫廷，民间也拿来消遣。据说，南宋时孝宗皇帝就曾私自出宫，乘小轿到民间欣赏那漫天烟花。

古典名著《红楼梦》第五十四回就描写了荣、宁二府元宵夜大放烟火的情景："贾蓉听了，忙出去带着小厮们就在院子内安下屏架，将烟火设吊齐备。这烟火皆系各处进贡之物，虽不甚大，却极精致，各色故事俱全，夹着各色花炮。"如今，与烟花有关的浪漫场景时常可以在电视剧和电影里看到。

现在，中国很多城市虽然都已明令禁止在春节期间燃放烟花爆竹，但还是会有一些政府组织的烟花表演。最引人瞩目的，当然是自 1982 年起每年正月初二的香港"维港之夜"。为庆祝中国农历新年，维多利亚港上空都会举行盛大烟花秀，火树银花，映衬着周遭的摩天大楼，传统与时尚交相辉映，震撼无比。

PART 02
拜年，恭贺新禧迎新春

拜年是传统年俗中人们彼此祝福，庆贺新年的一种方式，也是春节期间人与人之间最常见的一种礼节。按词典上的解释，"拜年"的原义是指向长者拜贺新年，包括给长者叩头行礼、致以新年祝福、问候生活起居等内容。在实际生活中，春节期间如果遇到同辈亲友施礼道贺，也称为拜年。

拜年通常从正月初一开始，一直到正月初五，人们纷纷走出家门，走亲访友，登门拜年，互致问候，也向街坊四邻拜年道贺。除此之外，进入腊月，过了腊月初八就已经有人陆续走亲访友，被称为拜早年；正月初五到十五走亲访友，则称为拜晚年。民谚有云：有心拜年十五不晚。无论拜早年、拜晚年，拜年一般不能空手登门，拜年的人要准备伴手礼，接待的人也要以礼相待，或者回拜、回礼。中国人讲究礼尚往来，礼多人不怪，拜年更是如此。

随着时代发展，拜年的习俗已经悄然增添了不少新内容和新形式，在传统登门拜年的基础上，又兴起了电话拜年、短信拜年和各种社交媒体拜年等。虽然传统登门拜年的人越来越少，但拜年的习俗并没因此消失。

规规矩矩拜大年

正月初一，全家老小吃了象征团圆吉祥的汤圆，换上新衣，喜气洋洋地出门走亲访友，串门拜年。这是大年初一由来已久的传统，也是接下来几天的主题活动。

古人非常看重拜年活动，因此拜年的讲究也特别多。比如给长辈叩岁请安是拜年，平辈之间互相道贺是贺年，团体互致新年问候则称之为团拜。清人艺兰生在《侧帽余谭》中载：京城在每年开年，都要按例举行团拜活动，以此热闹过年氛围，联络乡邻情谊。现在把拜年、贺年都统称为拜年。一些机关、企事业单位、学校等每逢年节，也会召集员工及离退休人员欢聚一堂，搞搞新春团拜会。

与此同时，古人拜年时还有严格的先后顺序：先拜天地神祇，再拜祖

╳ 拜年

先画像，后拜高堂尊长，而后才是走出家门去给亲戚朋友拜年。给亲戚朋友拜年，也有初一拜同宗本家，初二拜姻亲岳家，初三拜其他亲戚的顺序。

至于传统拜年的礼仪和规矩，要讲究的地方就更多。比如，拜年的手势男女有别，男子作揖，右手成拳，左手在上包住；女子作揖，不抱拳，右手搭在左手背即可。晚辈给长辈拜年，长辈要用彩绳串起来的铜钱打发。再比如，女婿上岳父母家拜年时，必须准备拜年礼物，进门后先向佛像、神像、祖宗画像牌位分别行三个叩首礼，再依次给长辈们行跪拜礼。

在河北、山西、河南等一些地方，至今还保留着跪拜叩头的拜年习俗，这应该是古代拜年风俗的遗存。当地人对拜年相当重视，"断了年礼"被视为出现了重大危机。即使是儿媳跟公婆闹矛盾，平时形同路人，过年的时候仍要按规矩拜年行礼，如果缺了"年礼"，问题就太大了。

传统拜年的一些礼节，虽然在今天看来显得烦琐，但在春节这样一个其乐融融的喜庆团圆的日子，却是沟通亲情的重要纽带。

压岁钱，快乐年

无论什么年代，孩子们总是最渴望过年的。因为过年对他们来说，不仅意味着有不受限制的吃食，有从头到脚的新帽新衣新鞋，还有意想不到的压岁钱。每到过年，他们见到大人就嬉皮笑脸地拱手拜年，嘴里念念有词："恭喜发财，红包拿来。"大人们也不计较，心甘情愿掏出红包。

过年给孩子的红包，里面装的钱叫"压岁钱"。关于压岁钱的由来，同样要从每年最后一天来捣乱的小妖怪"祟"说起。人们为了防止它伤害自己的孩子，不仅要"守岁"，还要用红包装八枚铜钱放在孩子枕边，夜里当小妖怪再次出现的时候，就会被这个红包吓跑，因此这个红包里面装的钱就成了"压祟钱"。久而久之，就有了过年给孩子压岁钱的习俗。

从历史考证来看，早在汉代就已经有用于辟邪的钱币或银两，被称作"押岁钱""压祟钱"，或者"压胜钱"。这些钱币或银制品上通常还会刻印"福山寿海""长命富贵"等字眼。孩子们身上佩戴的这种钱，在后来逐渐演变成了"长命锁"。在儿童死亡率相当高的古代社会，希望孩子健康长寿是家长和长辈们最重要的诉求。

到了唐代，给孩子们佩戴"押岁钱"的传统朝今天发红包的方式迈出了实质性的一步。盛世大唐，宫廷流行的"散钱"之风就颇似后来的发红包。散钱，又称打钱、掷钱、摊钱，是时人最爱玩的一种游戏。参加者持钱在手中颠簸，然后投掷到台阶或地上，待钱币在地面摊平，以地上钱币正反面的多少来决定胜负。五代时期的《开元天宝遗事》记载了唐玄宗年间，嫔妃们在立春日结伴玩掷钱游戏的情景。为了让她们玩得开心，后宫钱库还会专门撒些散钱给她们。由于立春日多与当时的春节相近，这种散钱游戏应该就是发压岁钱的前身。

宋元以后，正月初一正式被定为春节，原立春日的部分习俗被合并，演变成了春节的习俗，其中，立春日的散钱游戏演变成为给孩子们发压岁钱。相传，宋神宗时期某年春节，一个孩子游园观灯的时候被坏人掳走，在路上碰到皇家车队，遂得救。神宗为安抚孩子的情绪，赐给他金犀钱压惊，这大概是压岁钱另一种功能的诠释。

在明代与清代，给孩子发压岁钱的习俗已经普及。普通人家以红绳串起几枚铜钱，打发给孩子作零花钱；大户人家给孩子的压岁钱则是真金白银。清人潘荣陛在《帝京岁时纪胜》中记载：大户人家阖家团拜的时候会

给大家散发铜钱，甚至散碎的金银；如果有亲朋好友来拜年，还要用宫廷特制荷包，装上小金银锞相赠。《红楼梦》里，众人除夕去向贾母拜年行礼的时候，贾母也命人"散压岁钱，荷包，金银锞"。

在现代，拜年的礼仪很多虽然逐渐淡化，但过年给孩子发压岁钱的习俗仍然普遍。所不同的是，过去是长辈给拜年的晚辈发压岁钱，现在晚辈给长辈拜年的时候，往往也要包个红包给长辈。近几年流行"抢红包"，人们通过社交软件，在社交群里发红包，群里的成员都可以参与抢红包，往往数量有限，金额随机，图的是热闹和喜庆。这种群发红包的拜年形式倒有古人散钱游戏的"遗风"。

红包，红包，抢红包

压岁钱的历史悠久，红包的历史却并不长。到民国以后，人们开始流行用红纸包裹压岁钱，这才有了名副其实的"红包"。至于红包里的压岁钱装多少，从来没有定论。民国时期的压岁红包通常装一百文铜钱，取"长命百岁"的寓意。在中华人民共和国成立后，相当长的一段时期，压岁钱的金额都不多，少则一毛两毛，多则一元两元。从20世纪80年代起，压岁钱的金额才逐渐增长，现在普通家庭的孩子都能轻松从长辈手里拿到动辄几张百元大钞的压岁红包。

如今，给压岁钱在更多的人看来只是过年的一种仪式，多少不论，主要起到祝福孩子健康快乐成长的作用，就像西方人给孩子准备圣诞礼物一样。

除了压岁红包，一些地方还流行在春节期间派发利是红包的传统，尤其是在广东、港澳等地，在酒店、商场经常有"财神"出来给客人派发小红包，里面未必是装的钱，而可能是一颗糖或一块巧克力等等。到开市或节后上班的时候，老板给客人或员工派发利是红包，祝福开市大吉，开工大吉。利是红包里的金额一般不大，但面值数字必须吉利，比如8、18、66、88等，要么代表"发"，要么代表"顺"。

在香港，过年期间"讨利是""派利是"的场景随处可见，长辈给晚辈，客人给服务人员，甚至街坊熟人，只要用粤语说一句"恭喜发财"，就会得到一个利是红包。

随着手机和社交媒体的流行普及，人们派发利是红包的形式有了根本性的变化。人手一台手机，一个社交账号，以及多个社交群，只需要动动手指，根本不需要实体红包和钞票，就可以往不同的群里派发利是红包了。平时疏于联络的感情都随着手指在屏幕上的触动和跳动的红包，瞬间热火。

亲戚朋友间的关怀与问候，同学同事间的关心与祝福，就这样通过无形的网络，重新交织在一起。

贺年卡，古人玩了两千年

在电子通信尚未普及的 20 世纪八九十年代，明信片、贺卡曾是人们逢年过节互致问候的主要媒介。事实上，贺卡，尤其是贺年卡，并非现代邮政的产物，而有着相当悠久的历史。

据考证，中国人自汉代就已经使用木制"名刺"，相当于现在的名片。到了宋代，人们开始流行将贺岁的话写在名刺上，名刺从此就有了贺年卡的功能。宋人周辉在《清波杂志》里记载了宋代贺年卡"飞贴"的使用情况：当时的士大夫交游甚广，逢年过节无法一一登门拜贺，就将梅花笺裁制成卡片状，写上受贺人姓名、住址、恭贺的话等，安排仆人投递上门。而当时稍有身份地位的人家，门前也都设置有专门投置"飞贴"的接福红袋。

南宋张世南在其《游宦纪闻》里就称，他家里藏有北宋元祐年间的"飞贴"，上书"敬贺正旦"字样。"正旦"就是现在的正月初一，而"敬贺正旦"翻译成现代语言，正是印在贺年卡上的"恭贺新年"。

发展到明代，宋代士大夫玩的"飞贴"已经成了普通人都用的"拜年帖"，而且开始刻意包装这种贺年卡，比如用红色丝织品制成帖子，在帖上撒赤金形成文字，有的甚至就是整片织锦，连文字都是织上去的。

清代，不仅贺年卡工艺越来越繁复，而且周边物品也越来越讲究。投递时，帖子要用专门的"拜匣"装着。拜匣通常用名贵的木材制成，雕刻复杂吉祥的花纹，有的还饰以金银玉石，总之看上去越贵重越有面子。匣里除了盛放拜年帖，还要放些古玩珍品、珠宝金银，有的甚至直接装上银票。由于往来的拜年贴太多，大户人家需专设一名"门簿"，专职记录客人的往来和拜年帖。门簿的首页通常先虚拟四个来拜年的人：寿百龄老太爷，住百岁坊巷；富有余老爷，住元宝街；贵无极大人，住大学士牌楼；福照临老爷，住五福楼。将这四位虚拟来宾的头一个字提出来，正是"寿、富、贵、福"，无不是人们最真切的愿望。

此后，拜年帖被贺年卡代替，贺年卡又迅速被贺电、电话代替，再后来因为网络时代的飞速发展，那些有形的贺年媒介已基本淡出现代人的生活。但人们之间的关切与祝福，对未来的憧憬与期许，仍然在通过新媒体、新技术更频繁、更迅捷地传递着。

年宵花卉，岁朝清供

过年是俗气的，接地气的，满是烟火气，不是吃吃喝喝，就是迎来送往，似乎很难跟高雅扯得上关系。但在过去，有一群读书人硬是把一些清雅，甚至文绉绉的事物，装进了年俗里。这就是"岁朝清供"。

岁朝清供是传统中国文人最喜欢的风雅之事。所谓"岁朝"，也就是一岁之朝（正月初）；所谓"清供"，一说源于祭祀，一说源于佛供，即以鲜花、瓜果、文玩等清雅之物供神，或礼佛，或祈福。

实际上，岁朝不一定从正月初一才开始，有可能早在腊月就已经设供了，而清供也并不不一定要真的陈设花果清玩，也可以是一幅《岁朝清供图》。宋元时期，文人画非常盛行，文人、画家们为了让岁朝清供更加别出心裁，纷纷以此为题，用画笔就着水墨，在宣纸上玩起了"岁朝清供"，于是就有了历朝历代海量的"岁朝清供图"。文人画家之所以热衷于纸面清供，有一个重要的现实原因，就是年终岁首的季节，草木不兴，花果更是罕见，不如纸面上来得随心所欲。不过，现实中的岁朝清供也还是有的，毕竟在过年时节，如果用花果草木将室内装点布置一番，的确能让家里充满生气。

那么，可能用来清供的花木有哪些呢？按时令而言，应季又有风雅气质的，无外乎水仙、蜡梅和南天竹这三样。水仙，进入冬月、腊月花市上就可以买到，像大蒜的种子，置平底浅盆里，加清水淹住根须，饰以细白石或卵石，每天都可以看到它一截一截生长，十天半个月，通常是腊月底正月初，早春气息将至未至，便会应时花开。水仙茎叶妩媚多姿，花枝清淡别致，是《岁朝清供图》最常见的主角。蜡梅，是南方独有的梅花品种，枝干遒劲，黄花清淡，不像红梅那样火热妖艳，但暗香丰盈，经久不散。一般在腊月中旬，蜡梅便在山中悄然开放，大街小巷都可以买来分束插瓶。

花香雅致，瓶寓平安，也是岁朝清供中比较独特的角色。南天竹，灌木丛里一种不甚起眼的小红果子，一串串，一簇簇，连枝摘下，插小花瓶里，置高几或案头，既红火又喜庆，完全没有热闹的俗气。在《岁朝清供图中》，南天竹也是很别致的小配角。

　　岁朝清供里，除了这些别致风雅的花果，还有些热闹又寓意吉祥的时令花卉，被称之为"年宵花卉"。年宵花卉，最早从广东沿海一带流传开来。广东人爱花是出了名的，广州花市的历史可以追溯到明朝或之前。据说在抗战时期，广州人竟冒着炮火硝烟去买花。花在广州人心中早已形成一套独特的花卉语言。想要了解这种语言，一定要去赶一赶每年腊月底启幕的广州迎春花市。虽然花市只开三天，却是繁花似锦，热闹无比。花市最大的特点就是，广州人为每一种花卉都取了一个听起来让你不得不买的大吉大利的名字，比如"一枝桃花满庭春""大吉大利金橘报""花开富贵是水仙"……

　　在广东、香港、澳门等粤语区，每年春节期间，几乎家家户户都会在门前摆一盆金橘，树上不仅挂满黄澄澄的果子，更是挂满红艳艳的利是封，就像挂满装饰品和礼物的圣诞树，完全是一道独特的新春风景。

　　除了广东等沿海地区，如今中国所有地区的城市都有人气火爆的年宵花卉市场。在众多年宵花卉中，最引人注目的当然是蝴蝶兰，几乎所有组合花盆里都能见到它的身影。每年新春将至，蝴蝶兰刚好抽出修长的花茎，成串的花朵像彩色的蝴蝶，娇艳可人。加上人们还赋予了蝴蝶兰"平步青云""幸福美满"等寓意，因此是人们走亲访友最爱选择的礼品花卉。此外，花色同样娇艳的海棠、杜鹃，也是年宵花卉中的人气明星。而像红掌花、柱顶红、朱砂根之类的花卉则并不靠颜值胜出，它们人气爆棚是因为寓意动人——红掌寓意"大展宏图"，柱顶红寓意"鸿运当头"，而朱砂根寓意"黄金万两"。

PART 03
龙灯狮子闹起来

中国人的喜庆场景怎么少得了舞龙舞狮？尤其是到春节这样万民欢庆的节日，龙腾狮舞更是少不了，而且一闹就是从正月初一直到正月十五，天天有助兴，场场都欢腾。

龙灯，玩出吉祥闹新春

作为中华民族古老的图腾和象征，云里来雾里去的龙也是非常重要的祥瑞象征之一。在古老的传说里，龙既能行云布雨，为万物生灵降下甘霖，也能消灾降魔，为人间带来祥瑞。新春佳节，冬去春来，万物复苏，人们以舞龙的形式，祈求新的一年风调雨顺、平安昌盛，既是延续几千年的传统习俗，也可以看作是古老祭祀的一种艺术化再现。

舞龙，也叫玩龙、耍龙灯、龙灯舞。舞龙的历史至少可以追溯到汉代，时人就在杂记里记载过这样欢腾热闹的场面：在祈雨仪式上，人们身着各色彩衣，舞起各色大龙。可见，早期的舞龙的确与祭祀祈福活动有关，而

× 舞龙

且场面和气势都非常盛大。后来，"龙"的制作工艺也越来越复杂多样，舞龙的活动更为常见。

　　舞龙所使用的"龙"或"龙灯"一般用竹篾扎成骨架，蒙上丝绸或布料作为皮肤、鳍，再画上龙鳞，挂上龙头、龙尾。龙身的节数通常以单数为吉，因为中国人以"九"为阳极之数，所以九节龙身最为尊贵。但根据舞龙场合规模不同，龙身可以加到十一节、十三节，最长可加到二十九节。龙头、龙尾及每节龙身用棍棒支撑，由舞龙人手持舞动。舞龙时，龙头、龙身和龙尾必须协调一致，才能将龙舞得行云流水，活灵活现。引导舞龙路线和节奏的人手持棍棒举一只绣球，龙便跟着这颗"龙珠"的指引起伏翻腾，伴随着锣鼓声，时而原地起舞，时而游走如风，时而摇头摆尾，时而欢喜鱼跃，威风又可爱。有时也有两条龙与一颗"龙珠"嬉戏共舞，称为"二龙戏珠"或"二龙抢宝"。

各地制龙工艺不尽相同，舞龙风格也各有千秋，流行较广的主要有：龙灯，主要在节日夜晚演出，龙身里点燃蜡烛，标志动作有"龙摆尾""金龙蟠玉柱"等，舞起来生动别致；布龙，也称打龙，是最常见的一种龙舞，龙身一般连绵十多节，特点是动作幅度大，灵活生动，舞起来左耸右伏，九曲十回，时缓时急，蜿蜒翻腾，标志动作有"金龙喷水""雪花盖顶""白鹤展翅""双跳龙门"等；草龙，主要流行于南方，用稻草、柳枝等扎成，有的还在龙身上插满香火，也称香花龙，过去主要在闹虫灾或祈雨时舞弄。此外，还有部分地方流行的百叶龙、段龙、板凳龙等。

贵州省锦屏县还流行一种特别的舞龙，舞龙的人各自按戏曲里生、旦、净、末、丑等角色，在脸上画上脸谱，因此也被称为"花脸龙"。花脸龙的由来据说跟北宋开国皇帝赵匡胤有关，故事源于传统汉戏《蓝季子会大哥》（又名《戏皇嫂》）。传说赵匡胤称帝前有 12 个结义兄弟，北宋建立后，太祖给这些个兄弟们论功行赏，却唯独忘了最小的兄弟蓝季子。蓝季子有苦难言，只得借酒浇愁，并趁醉把自己抹成花脸，疯疯癫癫，胡言乱语刺激赵匡胤，戏弄皇嫂，以此发泄心中怨愤。据说，后来凡是愿意画成花脸扮成蓝季子的丑角，都能得到一餐丰盛的酒肉，称为"借酒献彩"。花脸龙的舞龙人就是为把自己扮成蓝季子，一边舞龙，一边搞笑装怪，讨得酒肉打赏。

最能体现"龙的传人"精神的，莫过于重庆铜梁火龙。铜梁龙属于布龙，蜿蜒长达数十节。在节日的夜晚，舞龙人全体赤膊上阵，场地四周布置数十只熔化铁水的小火炉，随着巨龙起舞，锣鼓声声，滚烫的铁水漫天飞溅，如无数星火坠地；舞龙的汉子左闪右躲，却丝毫不显得慌乱，金黄色的巨龙在火花中欢腾舞动。龙的传人，舞出龙的精气神！2006 年，铜梁龙舞被列入首批国家级非物质文化遗产名录，成为中国对外文化交流的一张名片。

✕ 重庆铜梁火龙

狮子，舞出喜气洋洋中国风

狮子是兽中之王，对中国人来说，也是舶来物种。但这个外形威武，有着雄壮之美的狮子，在中国传统民俗文化中却憨萌可爱，是智慧与力量的化身，寓意吉祥，能保家宅平安，更是繁荣兴旺的象征。在中国古代的府衙、宅邸大门外，通常有两只石狮镇守，在许多石桥、石栏上，最常见的也是各式各态的石狮。这么可爱又寓意美好的狮子，过年过节怎能少了它的身影？

从古代文献来看，南北朝时期就已有舞狮表演，到唐代更为盛行。当时流行的五方狮子舞，分别以红、黄、蓝、白、黑五色狮代表东、西、南、北、中五个方位，以表达五湖四海风调雨顺，盛世太平的祈愿。

舞狮一般由两人配合进行，一人舞狮头，一人舞狮尾，比起舞龙更方

✕ 舞狮

便，更灵活。舞狮用鲜艳的丝绸和绒布制作，造型夸张，配色鲜明，狮头饰以各种装饰品，眼睛在舞弄中不时眨动，张开的嘴巴占据独头一半以上，可以在演员的操控下做出各种表情，甚至"吐"出各种献瑞的物品，整体看上去憨态可掬，舞起来更是活灵活现。舞狮的时候，两位演员配合默契，还会表演爬杆、滚绣球、跷跷板等高难度的动作。

　　舞狮时，狮前通常会有一位头戴巨大头套的"笑头和尚"，也称"狮童"或"引狮郎"，头套上往往画一张可爱的笑脸，染着夸张的口红和腮红，有的头上还画着阿福头或一对小发髻。笑头和尚手持拂尘，也有拿绣球之类的，在前面作势逗引，后面的狮子跟着进行互动表演，相当于舞狮的导演，控制着线路和节奏。有时候，笑头和尚会跟现场观众搞笑互动，狮子也会突然一个跟头扎到观众面前，调皮地眨眼睛，吐舌头。被狮子"调戏"的观众乐得合不拢嘴，通常会大方地掏出个小红包给演员，沾沾喜气，添点福气。

　　中国的舞狮表演也有南北之分。所谓"南有佛山，北有北里"，即是说广东佛山是"南狮"的代表地，在《黄飞鸿》系列电影里经常露面的就是佛山南狮的精彩表演。而"北狮"的代表主要为河北省保定市徐水区的北里村，被誉为"北狮之宗"。北狮不仅有双人舞弄的大狮子，还有单人舞弄的"少狮"。北狮的舞法又分"文狮"和"武狮"，前者主要表现狮子温顺闲适的形态，如搔痒、舔毛、打滚、抖毛等；后者主要表现狮子的勇猛灵活，如跳跃、跌扑、登高、腾转、踩球、钻火圈等。当然，在实际表演中，文狮和武狮往往是穿插进行的。

　　春节期间，舞狮舞龙有时同时进行，有时单独出现。由于舞狮队伍小，出入灵活，除了在公开的场所进行表演，还会走街串巷，甚至挨家挨户串门去闹一闹，主人家也欢迎喜狮献瑞，都会高高兴兴地奉上小利是。

　　随着中国文化"走出去"，全世界越来越多的人喜欢上过春节，海外的舞龙舞狮表演也不再局限于唐人街。在美国纽约、英国伦敦、俄罗斯莫斯科、西班牙马德里、荷兰海牙的街头，每到中国春节，也会舞出一股喜气洋洋的中国风。世界各国民众通过生动喜庆的舞龙舞狮，了解和认识中国传统文化符号以及春节文化内涵，感受春节喜庆祥和的氛围。

PART 04
庙会，人潮涌动新春"嘉年华"

对大多数中国人来说，不逛庙会的春节是不完整的，而庙会上的精彩与热闹也算得上欢度春节的高潮。

春节庙会最开始的确与民间的宗教仪式有关。逢年过节，寺院僧人和道观的道士通常会做法事，开道场，礼佛祭神，善男信女也喜欢选择在这

✕ 地坛庙会

个时候前去进香、朝拜、许愿、还愿、祈福。众多的人流带来巨大的商机，于是商贩云集，在寺院、道观、神庙周遭形成了人气沸腾的集市，种种民间艺术表演也纷纷搭台助兴。自唐代起，春节庙会就成为人气最旺的临时集市，在后来的发展过程中，还集合了舞龙舞狮、杂技杂耍，以及扭秧歌、踩高跷、跑旱船等等社火表演，成为最受人们欢迎的新春"嘉年华"。

中国城乡各地都有不同规模的春节庙会，其中以北京、上海、南京的最为热闹。春节以外，在每年的正月十五、二月二龙抬头、三月三、四月八、端阳节、六月六、七月七、八月十五、重阳节、十月初一等重要的日子，也会自发地形成相应的庙会。

在过去，庙会是出于物资流通的需要自发形成的临时市集，因此吸引了海量的人气，久而久之，形成了一种独特的节俗文化。在庙会上，人们最关心的并不是商品或节目表演本身，而是为了感受一种热闹的氛围，让自己全身心沉浸在欢乐的海洋。

"行走的年夜饭"

庙会上最引人关注的，一种是来自寺院或道观的香火，一种是来自美食摊上的人间烟火。庙会既是为祭祀神佛而起的，在神佛享尽人间供养的同时，人们又怎能亏待自己？因此，觅食，觅美食，是许多人逛庙会的首要目的。

有人这样描绘自己在庙会上的美食感受：前调是新疆大羊肉串不腻不膻的大茴香味；中调是河南胡辣汤的浓郁香辣；后调是四川钵钵鸡的麻辣

✕ 地坛庙会上的吹糖人

鲜香。有些美食是本地特色，有些美食是全国通吃，比如新疆烤串、长沙臭豆腐、天津狗不理、重庆麻辣烫……

在现代庙会上，还有些"网红"美食迎来不少"打卡"的游客，也有一些来自全球的美味小吃，吸引了大家的目光，如韩国炒年糕、日本章鱼烧、印度飞饼、西班牙油条等等。这既说明了传统庙会的生命力，也反映了年俗文化的开放性，而这正是春节年俗传承几千年生生不息的原因。

如今，春节不仅是全球华人共同的传统佳节，越来越多的外国人也纷纷加入这场独具魅力的中式"嘉年华"，春节庙会也开起了国外分会场。而庙会上"行走的年夜饭"也受到各国人民的热情追捧，他们以各自的不同方式体验到了"舌尖上的中国"。

从传统庙会到新时代庙会

春节庙会哪家强？当然是北京、上海和南京。

南京的庙会历史最为悠久，自六朝以后就已兴起，至今已有 1500 年以上的历史。每逢过节，秦淮河畔便张灯结彩，各式摊位鳞次栉比，各色货物琳琅满目，蔚为壮观。

上海的庙会历史也十分悠久，上海城隍庙庙会至今仍相当著名。城隍庙在上海开埠以前是当地市民仅有的游乐场所，自清末民初以来，与周边的园林、市场和老街里弄融为一体，成为传统上海本土文化的重要载体。而城隍庙庙会更是成了上海文化和旅游的一张名片。

至于北京的庙会，就更是多到数不过来。北京传统庙会始于明，盛于清，逛庙会也是旧时北京人传统的春节习俗。过去最受欢迎的庙会有厂甸庙会、五显财神庙庙会、东岳庙庙会、白云观庙会等。直到今天，北京庙会上的那些好玩的事物仍然随处可见，比如踩高跷、木偶戏、玩陀螺、耍杂技、听大戏、歌舞、相声表演等等，每一项都会吸引大量的观众，完全是传统地道的中式"嘉年华"。孩子们最喜欢的小玩意更是多不胜数，抖空竹、吹糖人、捏面塑——匠人们的手巧得让人眼花缭乱。听够了，看够了，还有大把的互动小游戏等着人们去参与，像套圈、飞镖、沙包之类的，总是围了一大圈人，玩的玩，喊的喊，看的看，好不热闹。至于各类京味小吃，以及来自全国各地的特色美食更是应有尽有。

虽然现代北京的庙会宗教活动明显减少，但融合了更多其他传统民俗，加入了不少时尚文化元素。像地坛公园、朝阳公园、天坛公园、莲花池公园、龙潭湖公园、大观园庙会等，每年都会吸引大量的各地游客慕名前往。

除了北京、上海和南京，中国其他地方也都有颇具当地特色的庙会，年复一年地传承着传统年俗，延续着传统文化。

PART 05

社火，田间地头一场秀

春节最热闹的除了庙会，还有就是社火。相比在城市举行的庙会，社火的举办地更接地气一些，从内容到形式都有着浓浓的乡土气息，算是中国乡村版的"嘉年华"。

社火，祭神的自娱自乐

社火，是远古祭祀活动的一部分，源于土地神与火神崇拜。"社"指的是土地神；"火"则是指"火祖"，即传说中的火神。对于农耕时代的远古先民来说，土地是人的立足之本，土地上生长的农作物为人类生存发展提供了最基本的物质保障。中国古人以天为父，以地为母，认为土地像母亲一样滋养孕育了万物生灵，所谓"厚德载物"，即是指这种品质。火则是保障人类吃到熟食和取暖的必需媒介，也是人类生存繁衍必不可少的，因此远古先民视火为"神灵"，素来有尚火的观念。土、火都是中国古代"五行"学说中构成世间万物的五种基本元素。

随着人类对自然认知的深入，祭祀活动中土地神崇拜和火神崇拜的神秘色彩逐渐褪色，但祭祀活动中民俗活动却越来越丰富。辛勤劳作了一年的人们更愿意借这个一年一度酬神的机会，以自娱自乐的方式热闹一番，放松一下身心。因此，社火也被称为"社戏"，成为地方乡村戏剧的重要源头。也有人认为，社火之所以被叫作社戏，是因为古词方言中"火"与"戏"同意，因此被误传误写所致。

从社火相当流行的陕西关中地区来看，社火的确有充足的理由被称为社戏。首先，社火是老百姓自演自娱的文化娱乐活动；其次，社火所展演的内容几乎都源自当地历史、野史和各种传说演义；再次，社火与地方戏曲有着说不清道不明的渊源，甚至可以说，社火孕育了地方戏曲，反过来，社火也从地方戏曲中吸取了不少"营养"。

关中社火大比拼

关中社火一般只在春节期间（正月十五元宵节）上演，当地人称耍社火或闹社火，主要形式包括高跷、竹马、旱船、狮子、龙灯等。虽然听上去很闹腾，但社火也分文社火和武社火，前者以管弦乐伴奏，既有说唱，又有表演；后者则通过演员画脸谱、摆造型来讲故事，以锣鼓开道，参与的演员只摆造型亮相，并不表演，像花车一样在街上巡游。此外，关中社火按各地特色，还可分为牛社火、马社火、快火、纸火、血火等等。

关中八百里秦川，地势平坦，农耕发达，耕牛有着非常重要的地位，

✕ 马社火

当地人自豪地称其为"秦川牛"。每年正月十五，当地农民就会挑出自家最强壮的秦川牛，给它们披红戴花，盛装打扮，然后成群结队地沿着村庄田垄巡游，这就是"牛社火"。牛社火有点像农民和耕牛为脚下的土地搞的团拜会，一方面感恩土地给予的丰收，一方面祈愿来年收获更丰；同时，这也是农民们晒牛炫富的大型集会。

在关中平原周边，山地、丘陵起伏，人们借社火之名要晒的就不是耕牛了，而是他们的马。演员们画上脸谱，披挂整齐，骑在马背上扎势亮相，一队队沿着曲折山路巡游，这就是"马社火"。随着现代交通条件的改善，骡马不再是主要交通工具，人们又悄然兴起了"车社火"，用花床单把汽车、拖拉机包裹起来，盛装的演员在车顶固定的架子上，按人物设定摆起造型，随着花车在街头村尾巡游。

社火游演时，一车一马的架子上通常由几位演员摆出一组人物造型，而成年人太重，因此通常选择 4 ~ 8 岁的儿童扮演。这些孩子天不亮就被大人从被窝里拉起来，化上戏妆，被扶上架子用宽布条固定稳当，再穿上各种角色的披挂，拿上各自的武器道具，一个个萌头呆脑的小关公、小张飞、小包公就算扮上了。临近中午，五色龙旗招展，锣鼓喧天，鞭炮齐鸣，成百上千人踏上了巡游的征程。巡游往往直到黄昏时分才会散去，而那时候，架子上的孩子们早就被颠簸得歪头搭脑，昏昏欲睡。

与牛社火、马社火这种大规模巡游不同，快火、血火更像是特效演出，而且主题都是惩恶扬善，被称为关中社火中的"绝活极品"。快火的代表在陕西省宝鸡市赤沙镇。在当地方言中，"快"有"畅快""解恨"的意思，因此，快火的主要内容就是通过演绎一个故事表现惩恶，从而达到向大众扬善的目的。相比快火，以陕西合阳县岱堡村为代表的血火，场面更血腥刺激，更酣畅痛快，而且不拘泥于一个故事，将历史上有名的十恶不赦之徒都弄到舞台上，刀劈枪刺，直到恶人们"黑血满地、心露肠流"。血火演出用的武器都是古代的真家伙，准备工作也非常复杂。装扮恶人的演员集中在彩车上亮相，铳子手们围在彩车两边，出其不意地点燃铳子，现场顿时"轰轰"爆响，彩车硝烟滚滚，空气中弥漫着火药味。待浓烟散去，彩车上的大恶们纷纷"倒毙""血流满地""五脏俱出"，而这些内脏也都是真实的牲畜内脏，因此现场视效特别逼真震撼。

不一样的歌舞社火闹新春

除了火爆刺激的表演，社火更多的还是群众自娱自乐。其中流传非常广泛的就有跑旱船。据说这种民间舞是为了纪念治水有功的大禹，通常是女性演员和竹木丝绸扎成的"旱船"跟着音乐的节拍，一边唱一边舞，在大街上模仿水上行船的动作。多个旱船组成的方阵，一般跟踩高跷的队伍同时游演。有的地方要从正月初一演到二月初二龙抬头那一天，街头村尾大红大绿，喜气洋洋。

跑旱船在四川等地也被叫作"彩莲船"或"划花船"，演员有成人，也有孩子，通常由掌船的"幺姑"和划船的"艄翁"两两组合，随着锣鼓伴奏，两人且歌且舞，互动配合，诙谐搞笑。在浙江嘉兴、江苏无锡等江南水乡，还会加入采莲的舞蹈动作。

✕ 跑旱船

✕ 花脸社火

东北社火最受欢迎的当然是二人转和秧歌。"唱大车店""唱秧歌会""唱屯场"是二人转最常见的演出形式。二人转演员为了逗观众笑,什么话都说得出口,是"俗"文化的典型。秧歌,则是以集体表演的形式,走村串屯,挨家挨户院里去跳,而主人家要打赏。在天寒地冻的中国北方,正是社火温暖了整个春节。

PART 06
春节，那些讲究

　　春节的习俗，很多源自祭祀的仪式仪轨，因此要讲究的规矩特别多。比如，正月初一不能把家里的垃圾扫出门，否则就是散财；煮汤圆要由外向内搅动，意味着聚财；初二、初五迎接不同的财神。普通人居家过日子讲究的规矩多，做买卖的生意人讲究的规矩更多。比如，商家要到正月初六才开张，还要猛摇算盘，用秤杆敲打秤盘，让店内响声一片，取"响响当当，大吉大利"之意。在此之前，家家户户还要进行送穷仪式，商家更是不例外。

正月初二、初五，都跟财神有关

　　财神是中国人最喜欢的神仙之一，祭拜或迎请财神也是春节的核心民俗之一。正月初二、初五都有祭拜或迎请财神的活动，这到底是怎么回事呢？

　　这要从中国古代复杂多元的财神体系说起。从知名度上来讲，座下一头猛虎，手执钢鞭，黑脸浓髯的赵公明元帅当属首位。赵公明原是道教四大元帅之一，也是阴间雷部将帅和五方瘟神之一。据说，他手下还有四名副将，分别掌管招宝、纳珍、招财和利市，也都和财富直接相关。赵公明和这四位副手又合称为"小五路财神"，赵公明因此被奉为正财神。如今在许多寺院、道观的财神殿还能见到这位被聚宝盆、大元宝之类簇拥的大财神。

另一位鼎鼎大名的武财神，则是三国时期蜀汉五虎上将之一的关羽。这位义薄云天的英雄之所以备受商人们推崇，并不是因为他掌管天下财富，而是人们希望让关二爷提醒商贾不能见利忘义，做人做事应该把信义放在第一位。

其他两位著名的财神爷，则属于文财神：一位是《封神演义》中的比干，面对暴虐的商纣勇于挖心直谏，以忠义感动天地，得以"封神"；一位是春秋时期的范蠡，辅佐越王勾践打败吴王夫差成功报仇复国之后，功成身退，通过经商富甲一方，被尊为商界大神陶朱公。人们奉比干为财神，大概是希望财富公平，人间公正；以范蠡为财神，应该是希望自己也有像他那样的聪明智慧和经商本领。

除此之外，主要流行于西藏、青海等地的藏传佛教的信徒也有他们自己的财神，即黄财神赞巴拉。他是密教的护法神祇，各大教派奉持的五色（白黄红绿黑）财神之首，裸露上身，肤色为黄色，右手持普照十方的摩尼宝，左手抱一只口含珠宝的大猫鼬（俗称"吐宝鼠"），脚踏一只白色海螺。

财神这么多，当然各有各的拜法，一时拜不过来，于是就有了几次拜财神、请财神的机会。

在中国北方，不管是不是生意人，正月初二家家户户都有祭拜财神的习俗。在老北京，到了这一天，富绅、大商号都要举行隆重的祭祀活动，上"五大供"：整猪、整羊、整鸡、整鸭和红鲤鱼。俗话说："五大供一

上台，今年必得发大财"。祭祀活动结束，在场的人都能分得一碗馄饨，因馄饨形似元宝，故又称"元宝汤"。

正月初二祭拜财神，还有一些有意思的讲究，比如做文职工作的人应该多拜拜文财神，以期保佑自己文才非凡，工作顺利；希望收入更多"偏财"的人则应该多拜拜武财神。但讲究归讲究，大家拜得最多的还是主财神赵公明元帅。

正月初四，家家户户迎完灶神，正月初五，又该迎财神了。由于大家迎请财神的积极性太高，有些甚至等不及正月初五，在正月初四接罢灶神，就准备恭迎财神了，争取在初五子时第一时间请财神入驻，民间称之为"抢路头"。迎请财神的仪式与接灶神大致相当，三牲、酒菜、瓜果、香烛，此外还要鞭炮齐鸣，大开房门，虔诚祷告。财神抢迎到家，兴奋的人们还要聚在一起畅饮"路头酒"，直到天明。正月初五从早到晚，人们都忙于迎财神，掀起一波波高潮。

按照传统，特别是生意人在正月初五就当清早设宴，邀请街坊邻里，热热闹闹迎请一番。财神的供桌上除了三牲，还有象征大吉大利的金橘，以及面粉炸制的"金元宝"等象征财富的物品。在宴席开始以前，还有一项重要的仪式，就是炸响一串鞭炮，鞭炮越长越好，越响亮越吉利。在这经久不息的鞭炮声里，人们开开心心地送走"穷神"，迎来财神。

时过境迁，这样隆重的迎财神仪式在现实生活中已经越来越少见，年轻人开始流行在手机上迎请财神。求财之心，人皆有之，不仅是生意人，所有人都有追求富裕新生活的权利。迎财神，求财运，玩游戏，何乐不为？

诚心诚意送"穷鬼"

虽然远古先民崇拜鬼神，但后来的中国人大多不信鬼神，更不惧怕鬼神。不过，有一个例外，那就是"穷鬼"，也叫"穷神"。

正月初六，无论穷人还是富人，家家户户都要行动起来，送穷！那么，这个让所有人都唯恐避之不及的穷鬼是谁呢？民间有一种说法，这个穷鬼其实也是贵族子弟，他的父亲是上古五帝之一颛顼。这个贵族公子从外表看就不讨人喜欢，身材瘦弱，喜欢穿破衣烂衫，即使给了他新衣裳，也会被他扯破了挂在身上，吃饭只爱喝稀饭，这完全就是中国人眼中典型的穷酸相。因此，他生前不受人待见，皇宫里伺候他的人给他取了个名字叫"穷子"。穷子死在某年正月的最后一天，也就是当时所说的"晦日"，有人说："今天总算送走了穷子。"从此，穷子就成了人们眼中的穷鬼。

根据历史文献记载，送穷的习俗在汉代就已经有了。当时的人们熬稀饭，扔掉家里的破被子、烂衣裳，在巷子里祭祀穷鬼，叫作"送穷鬼"。此后，唐宋都盛行送穷的风俗。唐宋八大家之一韩愈撰文写道：送穷的人向穷鬼作三个揖，告诉他说：听说你们走了一天了，我对你们有资助的恩典，你们应该是真的离开了吧？唐朝诗人姚合也有言：每年到了这一天，大家把酒淋在街上祭拜，家家户户，没有不出来送穷的。到了明清，穷鬼一度被尊为"穷神"，但其待遇还是穷鬼的待遇，时日一到，大家争先恐后将他送出门去。

送穷送了两千年，到底是怎么个送法？韩愈写了篇《送穷文》，提到要用柳枝给穷鬼做成车，还要用芭蕉叶做船帆挂墙上，车船准备妥当了，还要为他准备充足的干粮。毕竟穷鬼不是恶鬼，客客气气送走也就相安无事，不再妨碍大家勤劳致富，犯不着伤了和气，免得惹恼了穷鬼，被纠缠不放。

祭祀如果显得太严肃了，也可以用游戏的方式来送穷。过去的北京，就流行"扔穷鬼，抢财神"的游戏。老北京有一个福神，名叫刘海（据说现代女性额前的刘海就源自他独特的发型），喜欢穿红戴绿，而且喜欢玩蟾蜍。民间有"刘海戏金蟾，步步钓金钱"的说法，因此他也被尊为财神之一。正月初六送穷日，老北京人就要找一些正值本命年的 12 岁小男孩扮成刘海的样子，背上分别背一个用白纸或彩纸剪成的小人儿，在街上互相抢夺别人背上的小人儿，谁先抢到就是抢到了财神，被抢的则视为扔掉了穷鬼。另一种玩法是，两个孩子各背一只小竹筐，每人拿一只代表穷鬼的小布包，双方争先将手里的小布包扔进对方的小竹筐里，谁先扔进，谁就扔掉了穷鬼。

不同地方的送穷方式和送穷时间都不尽相同。例如，在山西北部的一些地方，家里人让孩子拿着彩纸剪成的小人儿到街上找别的小孩互换。送小纸人儿给别人，叫作"送走穷媳妇"；把别人的小纸人儿换回来，叫作"得到有福人"。因为正月初六是"马日"，家里还要给出门送穷的孩子买"驴打滚"吃，以图吉利。

除了正月初六，也有的地方在正月初五送穷，而广东人过去则在正月初三送穷。广东人送穷跟北方人送穷方式也大不相同，人们会在这一天打扫屋子，将垃圾统统清理干净，意味着"穷鬼"都被扫地出门了。

送走了穷，接下来就是六六大顺，开市大吉。亿万中国人用勤劳的双手创造幸福生活的全新一年正式开启。

热热闹闹，开市大吉

按照传统，正月初五迎回财神，正月初六送走穷鬼，接下来就应该开市了。对于商贾人家来说，春节休假到此结束，是时候为新一年的生意盘算了。

为什么非得等到初六才开市？除了迎财神和送穷鬼的铺垫，更重要的是，中国人眼中的"六"一向有"顺"的意思。所谓"六六大顺"，做生意最讲究的不是天天赚到暴利，而是每天都平安顺利。因此，正月初六就成了传统的开市大吉之日。

开市这天，做生意的讲究人家会专门去物色一位"全可人"到自己家里、店里转一转，说些"开市大吉""事事平安""盆满钵满""财源滚滚"一类的吉利话。什么是"全可人"？首先得是一位妇女，其次这位妇人得有丈夫和孩子，还得公婆健在。要知道，在开市日之前，这样的外姓妇女是禁止上别人家串门的。开市日一到，"全可人"出动，意味着邻里禁令随之解除，生活恢复如常。

开市仪式举行前，掌柜的早已在店门口贴上一副红纸金字的对联，写着"开市大吉，万事亨通"或"财源滚滚达三江，生意兴隆通四海"一类吉祥的话。在广东等地，还会在店门口摆上挂满金橘和利是封的盆栽，象征大吉大利。

由于做生意重在抢商机，开市仪式也都赶早，正月初六清晨，天还不亮，各家店铺的开市鞭炮就此起彼伏地放开了，街巷里弥漫着硝烟和喜庆的味道。民间的说法是，谁家鞭炮炸得又红又响，生意就会红火响亮，因此开市的鞭炮声一点也不亚于除夕夜。还有一种说法是，开市的鞭炮自带财气和好运，进店的第一波客人踩着满地碎屑，也会沾上喜气和财气，于是客人们纷纷赶在第一波拥进店里，争相祝掌柜的生意兴隆，掌柜的也向大家道恭喜发财。大门打开，客人进店，伙计们忙着招呼客人的同时，摇头晃脑，使劲儿拨弄算盘，用秤杆敲击秤盘，噼里啪啦响成一片，这又是"响响当当"的好彩头。

趁着开市的热闹劲儿，装扮成财神、春官儿的，舞狮的，也会挨门挨店进来送财送喜，连叫花子也跟进店里，缠着掌柜唱"喜歌"，而掌柜的一律笑脸相迎，大大方方地掏出赏钱一一打发。

为了讨个"开市大吉"的好兆头，店家在这一天通常会以低于平时的价格吸引顾客，促成交易，也就是现在常说的"开业大促"。

正月初六的开市活动，虽然有些仪式在现代人看来不太能理解，但本质上与现代商场开业庆典是一致的。人们尊重并延续这样的习俗，无非是希望新年过得更好。

"六畜日"与"人日"，每天都有规矩

在农耕社会，家禽家畜在人类生活中占有非常重要的地位。中国古人就有正月初一到初六为"六畜日"的说法：正月初一为鸡日，初二为狗日，初三为猪日，初四为羊日，初五为牛日，初六为马日。六畜日最重要的禁忌，即在这些动物的主日，相应的动物应当受到礼敬，应避免其受到伤害，更不允许宰杀。汉代东方朔在《占书》里记录了"六畜日"的说法，并称正月初七为"人日"。

在六畜之中，为什么会出现这样的排序？有人认为，这是人类驯化这六畜的顺序，即远古先民最早驯化了鸡，然后是狗，以此类推。也有人认为，这是按六畜与人的亲密程度和重要性来排列的，理由是鸡、狗可以自由出入内院，猪圈与人住的房舍往往连在一起，而牛圈、马厩则通常远离人住的房舍。至于人为什么把自己排在最后，这一方面体现了古人对家禽家畜的尊重，对生命的敬畏；另一方面也可从女娲创世神话找到依据——女娲花了七天时间来创造生命，前六日分别造出了六畜，最后第七日才创造了人。

正月初一，新年的第一天，总是从鸡鸣开始的。鸡鸣带来的光明驱散了过去的暗夜，给人以全新的希望。古人以鸡为"吉"，正月初一在门上画上一只大鸡，或许也有这一层意思。在今天的洛阳，人们还保留着在门上贴有鸡的年画的习俗，也是对这一传统的延续。新年大吉，新年从"鸡（吉）日"开始，多么美好的愿望！

狗是家中与人类最亲密的"六畜"之一。古人认为狗是"至阳之畜"，适合驱灾避邪，看家护院，再加上其忠诚护主、勇敢正直的品格，被视为"瑞兽"。传说开天辟地的大神盘古就是一条龙狗，因此狗也被远古先民奉为图腾，在狗日要祭祀狗神。人们在家中养狗，视其为好伙伴，常给它们取

✕ 新年灯会"福星高照"

一些"富贵""旺财"之类的昵称,希望它们给自己带来好运。正月初二为狗日,因此人们又文绉绉地称之为"金畜""玉犬",也离不开金玉富贵一类吉祥的寓意。按规矩,这一天要善待这些狗狗,更不允许伤害它们,否则被视为对女娲大神的大不敬,会被诅咒,招来霉运。虽然现在已没有狗神崇拜,但给狗狗套上一件大红的背心,人畜和睦喜气,也是兴旺吉祥的象征。

猪对中国人的重要性从两个方面可以明显地看出来:一是汉字的"家"字,宝盖下面是象形字"豕"(猪),就是说房子里有猪才是家;而古人也习惯把猪圈设置在离堂屋最近的地方,方便一日三餐精心照料;二是在汉族人的餐桌上,只要有肉,多半就是猪肉,祭祀用到的"三牲"之一也有猪。因此,猪一直被中国人视为吉祥物,人们用"肥猪拱门""猪肥家润"

来形容家庭殷实富裕。在人们看来，猪能吃能睡，憨厚老实，圆润可爱，脾气温顺，一团和气，与世无争，随遇而安，甘于奉献，正是人应该追求的一种生活处世之道。虽然春节期间，人们的餐桌上少不得猪肉，但在正月初三这一天，是绝不允许对猪动刀子的。

正月初四被视为三羊（阳）开泰日，是"六畜日"里的"羊日"。《说文解字》记载："羊，祥也。"羊，本性美好、纯良，寓意吉祥。西汉时主张"罢黜百家，独尊儒术"的董仲舒甚至将"仁""义""礼"等儒家大德赋予羊。在古人看来，羊具有谦恭、慈悲的品质，更因为跪乳的行为被视为感恩的典范。而正月初正是冬去春来之际，如果阳气上升，便会促进万物复苏、生长，所谓"三羊开泰"正是这样的好兆头。在一些吉祥喜图里，用三只羊鼎足而立来表现"三阳开泰"这一主题。

正月初五，据说女娲大神在这一天创造了牛。过去的养牛人家在"牛日"第一件事是关心天气，天晴则牛旺，阴雨则牛病。人们在这一天要格外善待牛，让它们吃好睡好，绝不允许鞭挞和宰杀。据史料记载，牛在7000多年前的新石器时代就已为人类驯化。在与牛并肩耕作的漫长历史里，人们发现并总结了牛身上很多的优良品质，如踏实勤勉、任劳任怨、刚直不屈等等。鲁迅先生曾说过："我好像一只牛，吃的是草，挤出来的是奶、血。"他的名言"俯首甘为孺子牛"，更是被许多人当作座右铭。新春初至，万物复苏，在冬季稍事休整的牛又将与勤劳的人们一起，耕耘在春天的大地上。

正月初六，"马日"终于压轴登场。马，历来备受中国人喜爱，刚烈、忠诚，这也是人们看重的优秀品质。在古代，马被视为昌盛、发达、成功的象征。"一马当先""马到成功"等以马为主的成语，至今仍在高频率地使用。历代文人、画家都爱借写马、画马抒发豪情壮志，表现英雄本色。按照传统，正月初一至初五，人们都不能打扫茅厕，将粪便累积到"马日"

才能清扫，被称为"挹肥"。正月初六清扫完茅厕，通常还要祭拜厕神，之后就要准备下田，开始一年的春耕了。

"六畜日"之后，正月初七为"人日"，也称"人节""人庆节"等。自汉代开始，"人日"就作为正式节日出现了，到魏晋以后越来越受到重视。古人在"人日"有戴"人胜"、吃"拉魂面"的习俗。人胜，也叫"彩胜""华胜"，即用彩纸剪成人形，或将金箔镂刻成人形，戴在头发上，或贴屏风上，以为人祈福。唐代以后，皇帝甚至御赐群臣人胜，与大家登高设宴，饮酒赋诗。正月初一到初六，一直忙于走亲访友、串门拜年的人们在"人日"这一天都乖乖回家了，与家人团聚，还要吃一种手工长面，被称为"拉魂面"，提醒大家该把心收回来，把在外游荡的魂收回来，准备即将开始的生产。

PART 07
"春运"古今谈，回"家"去过年

千百年来，春节融合产生了丰富多彩的传统民俗。在现代，随着社会经济的发展和生活方式的改变，也产生了一些新民俗，如"春运"。"春运"一词最早出现在 1980 年的《人民日报》上，随后就一直伴随着中国人的春节。春运既是一种社会现象，更是一种文化现象。说起每年一度的春运，外国人称之为"人类最大规模的周期性迁移"，而置身其中的中国人则有喜有泪。

春运 40 年，回家是主线

随着 1978 年改革开放的春风吹遍神州大地，越来越多的中国人过上了候鸟般的生活，每年春节后成群结队外出务工、求学，又在来年春节前集体返乡。《人民日报》第一次提出"春运"一词是在 1980 年，当时春运人流即达到 1 亿人次，及至现在已经高达几十亿人次，的确称得上"人类最大规模的周期性迁移"。

从时间周期来看，春运一般从腊月十五开始，到除夕前，铁路、公路和航空运输逐渐达到峰值，经过正月初那三五天的回落，在正月初五至正月十五又迅速进入返程高峰，然后一直持续到正月下旬才基本结束，全程共计40天左右。从每年的航拍画面来看，其规模与场面都足以让天地为之动容。

以除夕为分水岭，春运的前半程是返乡，主题是回家。无数在城市奔波打拼了一年的男男女女，拖着大大小小的行李，匆匆挤上归途。山一程，水一程，辛苦辗转中带着回家团圆的期待，回到阔别已久的家乡，与留守的父母、孩子终于团聚。

回家过年是中国人血脉里与生俱来的"基因"。经过短短几天的相聚相守，他们又不得不再次收拾行装，带上父母硬塞进来的各种家乡风味和满满的牵挂，告别老人，留下万般不舍的孩子，匆忙踏上出门继续打拼的

╳ 春运

征途。而这就是春运的后半程，主题是返城。

在短短的几天到十几天的日子里，亿万中国人就这样经历着团聚的喜悦，相守的幸福和离别的不舍。年复一年，周而复始，在团聚与离别中见证父母老去，孩子长大，而自己则成为留守与期盼团聚的主角。

虽然现代春运才四十年历史，但春节之于中国人，始终是团聚与离别集中上演的重要节点。其实，自从周代有了过年的习俗开始，回家团聚的主线就一以贯之，"春运"就伴随着人们。

古今春运，都有点难

古代中国社会，人口基数不大，流动性也不强，加上有"父母在不远游"的礼俗约定，需要跋山涉水回家过年的人也不是主流，因此谈不上真正意义的"春运"。但因为种种原因而常年在外工作的"公务员"和做生意的商人还是不少，这些人通常被称为"游子"。唐代诗人孟郊有非常著名的诗句："游子身上衣，慈母手中线。"在交通非常不发达的古代，游子们想要回家过年，的确是个比较难以解决的问题。愁绪满怀的游子们只能通过写诗来表达这种无奈的忧伤，如隋代诗人薛道衡有诗写道："入春才七日，离家已二年。人归落雁后，思发在花前。"（《人日思归》）立春才过了七天，算来我离家已经两年。本来归家的日期定在春回大地、大雁北飞之后，但是思家的念头却在春花开前就浓得化不开。

那时候，政府虽然也都规定了春节长假，如唐代的冬至、春节都有七天长假；宋代时春节、元宵各有七天长假，但就算两个长假拉通叠加使用，无论快马加鞭，还是直挂云帆，能在除夕前赶回老家过年也相当困难。加之春节期间天寒地冻，常出现雨雪天气，古人"春运"的效率低下可想而知。难怪唐代诗人王维的名句"身在异乡为异客，每逢佳节倍思亲"能引起人们的一致共鸣。因此，古人也普遍遭遇春节回家难的问题，不得不考虑就近择业，尽量不离家太远。实在因为不得已的原因"身在异乡"，也要为回家过年留够充足的时间。不仅如此，享有朝廷俸禄的官员在返乡时还被允许携带随从，虽然风尘仆仆，但也算是衣锦还乡，荣归故里。

古人春节返乡，需要付出不菲的时间成本和金钱成本，而现代人春节回家也有一笔可观的经济账要算。首先是春运期间的交通费用，然后是回家准备的种种礼物、礼信，接下来是回到家乡走亲访友、人情往来的各种花销，这些成本加起来，也许在外辛苦工作小半年的收入就没有了。从这个角度算一算，也更能加理解为什么大家视春节为"年关"了。

俗话说："有钱没钱，回家过年。"日子再辛酸，回家再困难，中国人到了年关，仍然会开开心心地迈出坚定的步伐，回家看看。毕竟，与阖家团聚的幸福比起来，付出多大的代价都是值得的。而回家本身，也是春节年俗文化的重要组成部分。

现代春运四十年，早已让过年回家难变得容易了不少，当初的慢车、快车、绿皮车，如今的高铁、飞机、自驾车，不仅提高了回家过年的效率，而且使得春节习俗悄然发生着变化：由过去从城市返乡的单一方向变成了寒假期间的学生流、从乡村到城市的探亲流和长假出行的旅行流等多向度春运。也就是说，单一的回家过年正在被更多元的春节过法逐渐代替，年俗也进入了新时代。

✕ 正月初二走亲访友

过年回娘家，讲究有点多

在传统中国社会，已出嫁的女儿是不能随便回娘家的，尤其是除夕和正月初一，媳妇一定得在婆家，与夫家的人一起迎年、送年。家里其他成员也不例外，都必须在家把年过完了，从正月初二开始，才能出门走亲访友。机会难得，正月初二当然就成了媳妇回娘家的首选日子。

正月初二也是新年第二天，小媳妇们可以带着老公孩子正大光明地回娘家，给父母拜年。因此，这一天也是女婿上门给岳父母拜年的"法定日子"，民间称为"迎婿日"。女婿登门给岳父母拜年，自然免不了送上厚礼，而岳父母也免不了盛情款待一番。

女儿女婿回娘家，跟父母团聚后，自然应该带上糖果、酒水之类礼信上亲戚长辈家串门拜年。串门的顺序一般是先上舅舅家，再去伯伯、叔叔家，之后是姑妈、姨妈家。

登门拜年，无非是一番客套和礼尚往来，最重要的是，许久未见的娘家人终于可以坐在一起，共叙天伦。长辈唠唠家常，晚辈聊聊成长，这也是父母长辈最看重的团聚主题，是中国人几千年奉行传承的亲情和孝道。

PART 08
春节黄金周，怎么玩才够？

　　随着社会和时代的发展，回家团聚虽然依然是春节的主题，但在团聚、拜年之余，越来越多的人选择以出门旅行的方式过年。毕竟，对于常年朝九晚五的都市人来说，春节七天长假不算短，可以用来放松。

古人"走春"走出诗情画意

　　春节黄金周并不是现代社会才有的，古人过春节也会放几天大假。这几天除了吃吃喝喝，聊聊天叙叙旧，还会做什么呢？

　　中国古人可不像现代人这么喜欢宅在家里。由于立春刚过，"冬藏"的日子也基本宣告结束，人们更爱在这万物复苏的时节，相约走进大自然，发现春天回归的痕迹，看河岸冰雪消融，看老柳树悄悄萌发新芽。这些在现代人眼中不屑一顾的自然现象，在古人眼里，却是满满的诗情画意，是生机盎然的奇迹。他们过了正月初一，吃了早饭就去郊外踏青，称为"走春"。农谚"七九八九，沿河看柳"，说的正是人们"走春"时所见。

除了走春，古人还要忙着元宵节的要事。宋朝时，元宵灯节可是比春节更好要的热闹节日呢！进入正月，像开封府那样的大城市，沿街的灯棚陆续搭起来，各式彩灯也陆续上灯，也就是说，等不到元宵节，人们就可以开启赏灯模式了。拖家带口，呼朋唤友，相约出门观灯，应该是古人春节又一热门游乐项目。

当然，古人这些春节出游在现代人看来太不值一提了，而今人唯一不能比拟的，应该是古人游玩时那种与生俱来的文艺气质。现代人春节出门旅行，往往经过了漫长的准备和周密的计划，趁着年终奖才发到手的殷实感，或自驾，或高铁，或飞机，离开自己熟悉的城市，到一个完全陌生的地方，发发呆，拍拍照，寻找当地美食，发现自然之美与人文之美，也不失为现代春节的一种新民俗。

既要玩，更要有内涵

不管是古人过年，还是现代人过春节，玩都是头等大事。一年辛苦劳作所积压的情绪和压力的确需要好好发泄排解，才能有健康的身体和积极的心态投入来年的工作与生活中。现在，像放鞭炮一类的传统习俗已经被禁，而游园一类的习俗不再流行，人们在传承一些传统玩法的同时，还兴起了更多个性化的玩法，从国内玩到国外，将春节文化推向全世界。

随着时代的发展，观念的改变，现代人已不再视回家团聚为春节的唯一主题，越来越多的人选择利用春节长假和家人出门旅行，所谓"家人在哪里，家就在哪里，年就在哪里"。

近些年来，随着出国过年的中国人的增多，中国年味也随之被带到了世界各地。在世界上一些重要的城市，中国春节不再局限于华人聚居的唐人街。诸如巴黎、纽约、伦敦这样的超级城市，每到春节，都会在其地标建筑上点亮"中国红"，营造出中国春节的氛围，以吸引更多来自中国的游客，而商业场所更是针对中国游客推出各种促销活动，将中国春节做成了世界性的旅游和商业旺季，这在客观上推动春节成为国际性节日。

在城市里团聚过年的人们，利用长假带家人走进博物馆，去图书馆"充电"，到大剧院看戏，进电影院看贺岁片，也为年味加入了不少文化味儿。国家图书馆馆长每年大年初一都会按照惯例在大门口恭迎读者入馆，恭贺新年。

PART 09
"闹"元宵，春节落幕前的狂欢高潮

元宵节始于西汉，被称为正月十五日、正月半，或月望；隋朝以后，又称为"元夕"或"元夜"；到了唐代，又被称为"上元节"，及至唐末开始有元宵节的叫法；但到了宋代，却再次被改称"灯夕"；到清代，则干脆被叫成了"灯节"。但不管名称如何变化，观灯、赏灯始终是其最吸引人的核心魅力。

通常，人们把元宵节视为春节的延续和高潮，因为到了元宵节，人们不再强调回家团聚，而是邀约着走出家门，在灯前月下热闹欢庆。

元宵节是中华民族的"狂欢节"

元宵节距今已有 2000 多年的历史，是所有中国传统节日里最热闹的全民"狂欢节"。除汉族以外，满族、朝鲜族、蒙古族等 16 个少数民族也有过元宵节的传统习俗。随着民族融合，元宵节如今早已是中华民族共同欢庆的传统佳节。

　　在古代中国,长期有"宵禁"或"禁夜"的传统,古人几乎不可能在外过"夜生活"。虽然自汉代起就已有元宵节的部分习俗,但"夜生活"仍然是被禁止的。直到唐代,"禁夜"的传统才第一次被打破,从正月十四到正月十六,连续三天"金吾不禁夜",允许人们在月圆之夜邀约着走出家门,赏灯游玩,彻夜狂欢。

　　在宋代,元宵节的规模比唐代更盛,解除禁夜三天已远不能满足大家狂欢的需求,于是宋神宗将元宵节假期延长到了七天。而元宵灯市也在宋代更为繁荣,千奇百怪的花灯竞相亮相元宵夜。与此同时,灯谜游戏也从宋代开始流行起来。尤其值得一提的是,灯前月下的梦幻氛围为有情人提供了一个谈情说爱的绝佳机会,情侣们以赏灯之名,或密笺赴约,或互赠诗帕,将元宵佳节过成了婉约、含蓄,又不失浪漫的中国"情人节"。

　　到了明代中期,元宵节的市井气息更为浓厚,节日氛围也更接近狂欢嘉年华。明永乐年间，元宵节假期空前绝后地达到了十天，像在北京这样的大城市，一时"灯市花如昼"。及至清代，元宵节被缩减为五天，宫廷也不再举办灯会，不过民间的灯会依旧繁华热闹。当时的北京琉璃厂每年正月初一到十六，也就是从大年初一直到元宵节结束，灯棚绵延大街小巷，万盏花灯花样绽放，摊贩手中的百货应有尽有，千家万户门户大开，人们纷纷走上街头，赏灯玩耍。除了观灯，城里还燃放烟花，以及举行舞龙、舞狮等社火、百戏表演，热闹非凡。

正月十五赏花灯、猜灯谜

在很多地方，人们习惯称元宵节为"灯节"。顾名思义，元宵节的主要活动当然离不开赏灯，也叫观灯。因为元宵灯历史悠久，心灵手巧的匠人们用竹木和彩纸扎出的灯各种各样，千奇百怪，花样层出不穷，因此被称为花灯。

最初的观灯、赏灯活动与佛教有关。汉明帝时，佛教传入中国，迅速具有了极大的影响力，朝廷号召百姓在上元夜（正月十五）放灯，以示对佛的尊重。这一风俗世代沿袭，到唐宋时期已经成了正月十五的主要活动。有专家指出，放灯、观灯之所以能在当时流行起来，还归因于东汉末年蜡烛的问世，以及蜡烛在魏晋时得以广泛应用于日常生活。以蜡烛点亮各式灯笼，在夜里营造的浪漫唯美氛围，使人们迷上了赏花灯。据记载，在唐代，连皇帝、后妃也会在上元节不时出宫，步行到灯市观灯，甚至大开宫门，放数千名宫女外出看灯。可见，观灯活动是多么深受人们的喜爱。

✕　上海城隍庙灯会

✕　元宵灯谜

随着商品经济的进一步发达，宋代的大城市、小城镇都非常重视元宵灯市的"打造"，灯饰工艺精美绝伦，灯市规模也越做越大。更值得一提的是，宋代的一些大城市已经有了商业性的娱乐场所"瓦舍"，瓦舍设有专业演出场所"勾栏"，在这里，文人雅士们将猜谜的游戏发展成了一种广为流传的民间娱乐项目，将原本只在口头娱乐的谜语写成字条，挂在花灯上，迅速吸引了大量看灯的人。于是，灯谜就成为元宵赏灯最具人气的互动游戏之一。

元宵佳节猜灯谜在明清两代发展到了极盛。四大名著之一的《红楼梦》里就多次描写贾府的年轻男女猜灯谜、制灯谜的游戏。时至今日，在春节、元宵、中秋等节日游园活动中，猜谜或猜灯谜都是必不可少的内容。

第五章

春节的饕餮大餐

在民以食为天的中国，作为举国上下最重要的节日之一，春节最具人气的民俗就是吃。甚至有人调侃，过年七天乐就是从初一吃到初七，从奶奶姑姑家吃到姥爷舅舅家。那么，传统中国春节到底吃什么呢？

PART 01
年夜饭：吃出团圆 吃出幸福感

中国人有句老话，大意是说不管平时怎么打怎么骂，只要大年三十晚上吃顿饭，彼此还是亲密一家。这一顿饭，就是中国人一年当中最看重的"年夜饭"。在中国人看来，年夜饭代表家，代表团圆，代表亲情，代表爱，牵挂着过去，关系着未来。

年夜饭，又称团年饭，特指至亲的一家人在除夕之夜，围坐一桌，欢欢喜喜地吃的那顿饭。这顿饭通常要花费一两天的时间来准备，少不了鸡鸭和大鱼大肉，一方面要保证全家老少吃出幸福感，一方面还要保证"年年有余"。

按规矩，这顿饭要先祭祖，请祖先感受儿孙们团圆幸福的美好生活；这顿饭还要家庭所有成员都参加，如果实在有人因故回来不了，就给他留个位子，摆副碗筷。总之，这顿饭要求全家人欢聚一堂，一个都不能少，这也是合家幸福美满的象征。

年夜饭，不仅是舌尖上的年味儿，更是家的味道，爱的味道，幸福的味道。

古人吃过的花式年夜饭

年夜饭究竟是从何年何月兴起的，现在已无从考证。但自从有了年的时间概念和过年的习俗，应该就有了过年时吃一顿好的的想法和行为。

据可考的年夜饭习俗，可以追溯到南北朝时期，但那时吃的东西受物质条件限制，的确没什么好展示的。到了唐代，人们的年夜饭是今天非常时髦的生鱼片。宋代，人们没那么浮夸，返璞归真流行起了一种叫"馎饦"（bó tuō）的汤饼，应该就像现在陕西人吃的煮面片，据说有祝福长命百岁的意思。及至明清两代，尤其是清代，年夜饭才不再那么简朴，朝着宴席的方向有了十足的发展和进步。值得一提的是，清人顾禄在《清嘉录》里第一次为除夕晚上这顿团圆饭命名为"年夜饭"。

清宫档案里记录了乾隆四十九年除夕，"吃货"乾隆皇帝的"年夜饭"的用料清单：猪肉 65 斤，肥鸭 1 只，菜鸭 3 只，肥鸡 3 只，菜鸡 7 只，猪肘子 3 个，猪肚 2 个，小肚子 8 个，膳子 15 根，野猪肉 25 斤，关东鹅 5 只，羊肉 20 斤，鹿肉 15 斤，野鸡 6 只，鱼 20 斤，鹿尾 4 个，大小猪肠各 3 根。除此之外，宴席上还有各种点心、小吃，各种果子、面食、糕饼，冷膳、热膳等。清宫这一顿寻常年夜饭应该还算不上所谓的"满汉全席"，但所消耗的是普通人家几年都吃不上的。

现代年夜饭由俭入丰

有人说，年夜饭代表了一个家庭一年的最高餐标，必须保证材料最充足、

✕ 年夜饭

花样最丰富、味道最完美。当然，不必为此跟谁攀比，各家尽到自己最大
努力就行了。之所以要这样来要求一顿年夜饭，其实原因很简单：辛苦劳
作了一年，到头了应该做一顿大餐犒劳自己，慰劳家人，而年夜饭也是总
结和展示这一年收获的最好机会。

20世纪六七十年代，中国社会物资供应还极不丰富，大多食材必须凭
票购买，因此，那时候的一般人家为了保证让全家人吃上顿像样的年夜饭，
必须起早去排队购买，买回来还得省着吃，年夜饭就没法谈得上丰盛了。
改革开放后，特别自20世纪八九十年代起，老百姓的年夜饭才真正变得丰
盛起来，寻常的鸡鸭鲜肉必不可少，大虾海鲜也时常见到。

在物资供应不再匮乏的新时代，家家户户的年夜饭不仅考虑菜肴的丰
富性，更重要的是还得有美好的寓意，比如必须要有的几样：鸡，寓意大吉；
鱼，象征有余；生菜，谐音生财；腐竹，代表富贵；笋，寓意节节高。此外，

✕ 徽州许村人过年，家家户户做米果

还要准备整个春节都会吃到的饺子、年糕、春卷等等应景的食物。

其实，年夜饭并不是越奢华越好，因为，在万家团圆灯火亮起的时候，年夜饭吃什么并不是最重要的，一家人欢聚一堂，这比食物本身更温暖、更美好。

PART 02
北方南方，同一个春节不同食谱

　　春节最重要的一个主题就是美食，但是中国实在太大了，不同的地方有属于自己独特的春节食谱，不同的时代又演变出不同的年夜饭。真正能够古今通吃的，大概还是北方的饺子和南方的汤圆了。不过除此之外，各地美食齐上桌，山珍海味摆满席，是春节食谱追求的境界，用丰盛来展现富足，用丰盛来期盼未来。

北方，好吃不过饺子

　　"好吃不过饺子"，北方人对饺子的偏爱远超过南方人顿顿离不得的米饭。不管有事没事，不管是过节，还是过年，北方人的生活就没有饺子解决不了的问题。

　　饺子在中国的历史非常久远。古代先民在长期的生活实践中，一直尝试做出饺子这样既方便又美味的食物。三国时期的《广雅》中就出现了一种特殊的"馄饨"，"形如偃月"，这不就是饺子的模样？唐代《酉阳杂俎》

中则称饺子为"汤中牢丸"。

饺子在正式端上餐桌之前，还有一个神圣的用途，就是拿去祭祀。人们在过年的时候吃饺子，通常还要选择在新旧年交替的子时，这一时刻古称"更岁交子"，而"交子"与"饺子"谐音，再加上饺子外形像元宝，有"招财进宝"等美好寓意，因此特别强调要在这一刻吃饺子。此外，饺子里的馅也有不少讲究，甚至会加入一些特殊的馅料，比如吃到枣子，是祈愿早生贵子；吃到钱币，是代表要发财；吃到生菜，是象征生财；吃到芹菜，那就是希望勤劳致富，等等。

腊月三十，准备包饺子的人一大早就动手剁馅，白菜、韭菜、芹菜、莲藕、香菇等都可以剁碎，和肉做成好吃的饺子馅。馅料备好，就开始和面，揉得面团筋道瓷实，再分成小团，用擀面杖擀成溜圆的薄皮，包入馅料，捏成元宝或耳朵状，就可以等待下锅了。

包饺子是一门手艺，煮饺子更是一门艺术，尤其是过年煮饺子时说话，更是语言的艺术。比如，一锅水烧开，饺子下水，火候差不多的时候，一家之主就应该来现场视察关心：小日子起来了吗？煮饺子的人则开开心心嚷嚷：起来了！都起来了！其实他们说的是饺子煮熟没有，煮熟的饺子会浮到水面上。再比如，煮的时候煮过了，饺子破了皮，一家之主应该说：饺子挣没挣？煮饺子的人赶紧说：挣了！挣了！这一问一答，都是对幸福美好生活的向往。

南方人梁实秋先生却是看不惯北方人吃饺子的热情劲儿，他把饺子戏称为"煮饽饽"。他说："城里人也把煮饽饽当做好东西，除了除夕消夜不可少的一顿之外，从初一至少到初三，顿顿煮饽饽，直把人吃得头昏脑涨。"

他的观点也代表了精于美食之道的南方人对北方美食的成见。

年糕，年糕，年年高

年糕是专为过年而生的，自古是年夜祭神、岁朝祭祖的供品，后来因为"年年糕"谐音"年年高"，成为春节重要的年俗美食，成为过年的绝配。虽然年糕为米制品，却受到南方人和北方人的共同喜爱。

年糕之所以能成为春节美食，除了谐音的关系，还与它的来历有关。据说，春秋战国时期，诸侯争霸，战火不断，吴王夫差扫平越国后，在吴越之间修筑了一道城墙，认为吴国从此可以高枕无忧，耽于酒色。国相伍子胥却认为这样太危险，但夫差根本听不进他的劝谏，他于是命人暗中准备退路。没过多久，夫差赐伍子胥自尽。自刎前，伍子胥派人告诉吴国百姓，如果吴国有朝一日被越国所困，粮草短缺，可去相门城下掘地三尺取粮。果不其然，不久，卧薪尝胆的越王勾践举兵伐吴，一雪前耻，断了吴国城

✕ 年糕

内的粮路。危难之际，人们想起伍子胥的临终嘱托，到相门城下掘地三尺，发现那里埋藏了足够城中百姓撑过困难期的"糯米砖"。时值新年，人们将糯米砖称为"年糕"，以纪念伍子胥。从那以后，吴地人就有了过年做糯米砖、吃年糕的习俗。这一习俗再由吴地风靡全国。明清时期，年糕在中国已经非常流行，而且发展出了不同的品种。

从制作的方法来看，年糕的确是名副其实的"糯米砖"。一般选用黏性强的糯米或糯米粉，蒸熟之后，经过反复锤打，变得更加瓷实，然后用模具压制成型。年糕制成后，晾干，可以长时间存放。吃的时候又有各种不同的吃法，或做成小吃，或入菜，各具风味。

江南地区最著名的是炸年糕，即以油煎，使年糕变得外焦内软，再裹以豆酱，蘸上白砂糖吃，口感外酥里嫩，既脆且糯。有的在做年糕时还可加入黄米，使得年糕色泽金黄，看上去像金条金砖，过年时节显得格外吉利喜庆。

海南人过年爱吃的红糖年糕跟江南年糕做法不同，用糯米粉揉成面团，在表面粘上枣、栗子等干果，用箬叶包裹，蒸熟即可。在揉面时可根据需要加入红糖、砂糖或白糖，这样年糕不仅口味不同，成色也会变得不一样。

广州人的年糕通常用糯米、糖、猪油来制作，看上去又白又丰腴，吃的时候一般切片煎熟，或用来入汤，吃起来既绵软又不失嚼劲，米香浓郁。

现在超市里能买到各种不同花样的年糕，是用雕刻了不同图案的模具压制而成的，比较传统的有"五福""如意""大吉大利"等，还有比较现代可爱的，如玉兔、白天鹅、金鱼形状的年糕等，既好看，又美味。

南方春节，吃汤圆庆团圆

中国地大物博，北方主产小麦，因此北方人偏爱面食，过年必吃饺子；南方主产水稻，所以南方人主食大米，过年必吃汤圆。据考证，中国人吃汤圆的历史可以追溯到宋代流行的"浮元子"。汤圆入水煮熟后，看上去的确是一个个浮起来的可爱圆子。

南方人过年和元宵节都吃的汤圆看上去跟北方人元宵节吃的元宵似乎是双胞胎，可实际上差别很大。汤圆是用糯米泡水磨浆，用湿糯米团包上各种汤圆芯，双手搓出来的，形态饱满圆溜，下水煮后汤色清亮，口感细腻爽滑；元宵则是用馅料团，在干糯米粉里，通过晃动簸箕滚出来的干圆子，形态椭圆，下水煮后容易浑汤，口感略粗。

汤圆的口味主要由芯来决定。汤圆芯根据各人喜好，可以随意调制，

✕ 桂花汤圆

一般用猪油和炒芝麻、花生、果仁、豆沙、枣泥等多种原料，甜腻喜人。也有咸味，甚至肉馅的汤圆，不过通常被视为另类。

在汤圆最为流行的四川，正月初一有吃"元宝"汤圆的习俗。元宝看上去个头很大，通常一只饭碗也就能盛下一个或两个。元宝里面的馅料比一个包子还丰盛，吃起来更是大有玄机。有可能一口下去，满嘴流油的同时，牙齿还被什么东西硌着了，吐出来，原来是一枚钱币——这就是真正的吃到宝了，这一年就会交好运。

由于北方元宵和南方汤圆的争论一直不断，大家都在馅料上下足了功夫，一些老字号的元宵品牌和汤圆品牌也从清代就传承至今，前者有北京的桂花什锦元宵、天津的蜜馅元宵等，后者则有苏州的五色汤圆、广东的四式汤圆、重庆的凌汤圆、成都的赖汤圆等等。

如今，汤圆早已成为流行的速冻食品，人们不仅过年要吃，元宵节要吃，很多时候还煮来当早餐吃，如果再加上一个鸡蛋，一勺醪糟，更是营养美味。

一碗长面常来往

"初一饺子初二面"，说的就是正月初一吃了饺子，到了正月初二就应该吃面了。

很多地方称正月初二为"开年"。开年饭同样要隆重而丰盛，各种有好意头的菜肴都要悉数准备，同时还得准备一碗长面。

所谓长面，并没对面条的长度做特意规定，而是"长寿面""长根面"的一种叫法。在甘肃等以面食为主的地区，按传统习俗吃面的日子更多，

✕ 红烧牛肉面

腊月三十晚上要吃宽心长面，寓意来年顺顺利利，心无挂碍；正月初一到初三、初七、十五，正月里几乎每个重要日子都要吃顿长面，以示对平安长远生活的祈愿；有亲戚朋友来串门拜年，临走也要请他们吃一碗长面，祝福大家一路平安，常来常往。

　　在四川成都的黄龙溪古镇，长面是历史悠久的著名传统小吃，据说自宋代就开始流行。在当地人看来，正月吃上一根长面，预示一年顺利平安。而这里的长面就是以长著称，一根长面在面艺师傅手里舞动翻飞，像一条细长的银龙，在空中游向远处的锅里。这一根面足有一大碗，爽滑弹牙，越吃越有嚼头。虽然川味调料麻辣鲜香，但长面的精髓却全在面条本身。据说，吃这种长面有讲究，必须一根面从头吃到尾，而不能夹起一团往嘴里塞，否则既品不出长面本身的味道，也完全体验不到吃长面的乐趣。"不吃长面，枉到黄龙溪"，这种名副其实的长面，只有在黄龙溪古镇才能吃到。

"扔穷"，吃"折罗"

正月初一，按传统家里不能随便打扫，更不能往外扔东西，否则有败财之嫌。一早吃罢饺子、汤圆，全家又出门走亲访友，拜年做客，家里就更没机会收拾打扫。而初四晚上，灶王爷就要从天庭重返人间，各家各户必须在他老人家返岗之前赶紧把家里收拾整洁，不然就会被这位生活督察记上一笔，将来受到上天的责罚。中国有句老话："人在做，天在看。"人们做什么都是忌惮于"天"的，而生活中祭拜供奉的各种神明就是天的耳目。

因此，正月初四，人们一早就动手收拾打理，让乱了两三天的家要有新年的新气象，整整洁洁迎接灶王爷的检查，接受老天爷的监督。这一天把垃圾扔出家门，被称为"扔穷"。一边劳动做家务，一边憧憬富裕新生活，也是不错的。

与此同时，这一天人们还要做一件事情，就是将前几天的年夜饭，招待客人剩下的菜肴统统收罗起来，烩成一大锅，称之为"折罗"，也叫"合菜"。对于有着勤俭持家传统美德的中国人而言，这并不是物资匮乏时代才有的一种节约表现，即使生活富裕的人家，即使到饭店请客吃饭，也通常会打包，留待下一顿继续吃。

折罗的确算不上山珍海味，但这些剩菜剩饭正好可以在连吃几天宴席之后解腻，也是一种不错的特色美味。中国有古训：一日三餐，当思来之不易。就算在没有吃折罗的传统的平时，中国人也身体力行地倡导"光盘行动"，都是珍惜食物、尊重劳动的体现。

"人日"要吃七菜羹

正月初七是"人日"，除了佩戴"人胜"，还要吃"七菜羹"或"七宝羹"，以祈福。

所谓"七菜羹"，顾名思义，即是用七种时令蔬菜，加上米粉做成的羹汤，也有的不加米粉，而加高汤熬煮。有哪七种菜呢？通常用白萝卜、芥蓝、菜心、大芥菜、春菜、大蒜和芹菜等。在不同地方，蔬菜也会应季变化，如广东潮汕用芥菜、芥蓝、韭菜、春菜、芹菜、蒜、厚瓣菜；客家人用芹菜、蒜、葱、芫茜、韭菜加鱼、肉等；台湾、福建用菠菜、芹菜、葱蒜、韭菜、芥菜、荠菜、白菜等。不管七菜羹用哪七种蔬菜做成，每种菜都有很好的寓意：芹菜象征勤劳、勤奋；蒜代表会算计，会打算；葱代表聪明、智慧；芥菜寓意长寿，发财；韭菜代表天长地久……

在春节期间，连续吃了几天大鱼大肉之后，吃上一两顿清新的七菜羹，从健康的角度来讲，也是有助于清肠养身的。而按传统的说法，七菜羹还有"祛病辟邪"的作用，当然大受欢迎。

食七菜羹不仅流行于中国南方，在日本也很盛行。有的地方还以七菜粥代替七菜羹，既清香，又充饥。而新加坡、马来西亚的华人还以七彩鱼生代替，可谓海鲜版的豪华七菜羹。

过年吃芋头，一年遇好人

芋头是中国民间比较普遍的食材，既有与玉米、红薯一起蒸来当主食吃的，被称为五谷杂粮，也有与肉类一起烧、炖的，如重庆著名江湖美食"芋儿鸡"，总之颇受人们喜爱。

春节吃芋头的习俗更是在很多地方都有。民间有"吃芋头，遇好人"的说法。过年吃芋头，当然希望一年都遇到好人。因为"芋"跟"余"谐音，因此又有"吃芋头，有余头"的说法。

土家族在每年腊月二十九就有过年吃"年早饭"的传统，从晚上吃到天亮，象征着日子越过越敞亮。年早饭通常备十六道大菜，鸡鸭鱼肉以外，芋头更是家家户户必不可少的一道菜，也包含着"吃芋头、有盼头"之类的美好祈愿。

广东人过年不仅有吃芋头、蒸芋头糕的传统，而且喜欢买一盆生机勃勃的芋头盆栽摆在案头上。广东人称"芋头"为"芋芛"，"芋"跟"富"同音，因此被视为"大富大贵"的象征。广东潮汕地区盛产芋头，其中最为有名的有葛洲芋、蜈田芋、横洋芋、东寮芋等。广东人做芋头的手法很多，炒、煮、焖、蒸、炸，能做出反砂芋、蜜浸芋、芋头粿、芋头糕、芋头饼、鱼头芋等十多道"芋菜"。其中，芋泥、芋酥、反砂芋被誉为"芋味三绝"。

第六章

春节，天涯共此佳节

　　经历了两千多年的传承和发展，春节早已不再只是中国人的春节，也不再只是全球华人的春节，而成为全球化的文化盛宴。春节时，从美国纽约时代广场到英国伦敦"世界眼"，从俄罗斯圣彼得堡冬宫（宫廷桥）到澳大利亚悉尼歌剧院，再到巴西里约热内卢科尔科瓦多山基督像——全球知名地标建筑，纷纷点亮中国红，换上"春节装"，与中国人一起辞旧迎新。此外，春节期间，醒目的中国红，春联、中国结、福字等中国文化标识也在全球各地出现。

PART 01
春节与圣诞节：不同节日，同一主题

"这里冬天寒冷而漫长，热闹的春节庙会给人们相对沉闷的生活带来了生机和温暖，并提醒人们，春天不远了。"说这话的，是芬兰首都赫尔辛基市前市长帕尤宁。在当地，中国春节已经成为每年圣诞节和公历新年后的又一个重要节日。而这里，正是圣诞老人的故乡。

每年圣诞节，圣诞老人驾着他的鹿车为亿万家庭派送圣诞礼物前，西方人都会利用圣诞假期，不远千里万里，回到家中，与亲人团聚。这样的情景很容易让想到每年除夕到来前，亿万中国人跨越千山万水，从天涯海角回家过年的春运。

发生在地球不同半球的这两次大规模周期性人口迁移，因为两个全球最为盛大的节日——圣诞节和春节，也因为同一个主题——回家团聚。

每年冬季最寒冷的 12 月下旬，世界上有 100 多个信仰基督教的国家和地区的人们就进入了最为忙碌、火热的圣诞季。分散在世界各地的人都会通过各种方式在 12 月 24 日以前赶回家中，与家人一起迎来阖家团聚的圣诞"平安夜"。

圣诞节又称"耶稣圣诞瞻礼"或"主降生节"，是基督教徒纪念耶稣诞生的节日，后来在西方逐渐发展成为全民性的节日。按基督教的传统，

× 日本神户海外华人过春节

12月24日晚至25日凌晨，教会组织或由信徒自发组成"圣诗班"，挨家挨户在门口或窗下唱圣诞颂歌"报佳音"，再现当年天使向伯利恒郊外的牧羊人报告耶稣降生的喜讯。这一宗教传统至今保持。中国人的除夕夜，虽然不再有最初腊祭的宗教痕迹，但与家庭生活密切相关的祭祀和祭祖仪式至今依然保留。

　　尽管圣诞节的宗教色彩更为浓厚，但和春节一样，也有着深厚的民众基础。剥离开宗教元素，西方民众也用一顿丰盛、热闹的圣诞家宴来表达团聚的喜悦。这与中国人的除夕年夜饭惊人地相似。当家宴撤罢，中国人守着一台春节联欢晚会"守岁"，西方人则在圣诞树下开始盛大的派对，围着温暖的炉火载歌载舞，拥抱祝福。将圣诞夜带入高潮的是圣诞钟声，而除夕夜的高潮也同样以新年钟声为标志，并伴随着中国人独有的烟花爆竹声。

中国人过年，北方人少不了吃饺子，来庆贺辞旧迎新，南方人必须吃汤圆，寓意喜庆、团圆、吉祥、如意；而西方人过圣诞，则必须吃火鸡，他们认为那样会在新的一年交到好运。中国的孩子最爱过年，因为给长辈拜年就有压岁钱拿，而西方的孩子同样憧憬着过圣诞，因为他们坚信圣诞老人会从烟囱里爬出来给他们投递意想不到的圣诞礼物。

无论春节还是圣诞节，尽管来源不同，时间不同，庆祝方式各异，但归根结底的主题都只有一个：个体回归家庭的感恩，生命面对未来的憧憬。全世界人民通过节日期盼幸福、团圆、平安的美好愿望与情感，别无二致。中国的春节、西方的圣诞节，在人类社会得以千百年的传承和延续，既是这种美好愿望与情感的延续，也是文化与信仰的传承。

当中国春节逐渐受到世界各地人们的欢迎，逐步影响世界的同时，中国的许多城市也在悄然流行过圣诞节，人们把它与新年元旦一起戏称为"双蛋"。尤其是对中国越来越多的年轻人来说，圣诞节已经成为他们最喜爱的"洋节"之一。

无论是西方的圣诞节，还是中国人的春节，欢乐祥和，阖家团聚的主题是人类共同价值的体现，都极具文化包容性，不同信仰、不同肤色的人们，不管是祈福平安，还是为了狂欢快乐，都能从中得到一定程度的满足。

PART 02
中国春节与日本人的"旧正月"

现代人习惯称世界通用的太阳历为"新历",称中国农历太阴历为"旧历"。在有庆祝中国农历新年传统的日本,人们仍然习惯称新历1月1日为"新正月",称农历正月初一为"旧正月",并一直保持庆祝旧正月的习俗。

日本在江户时期以前,就一直使用中国太阴历,也一直有在旧正月到来前大扫除、装饰门户、打年糕、发压岁钱、吃年夜饭等传统习俗。明治维新以后,日本政府宣布启用西方太阳历,春节不再作为传统节日。但随着近年来在日本的中国人不断增多,中国文化的不断影响,日本民间也渐渐有了春节复苏的气氛。尤其是在华人聚集的地区,如横滨中华街在除夕夜就有迎接中国农历新年的倒计时活动,大年初一还有舞狮采青表演,到了元宵节更是有舞龙表演等等。在华人的带动下,日本人庆祝传统"旧正月"的习俗正逐渐升温。

如今,每到大年三十,日本东京新大久保的华侨商店就聚满了采购年货的人们。春联、饺子、汤圆等传统年货,应有尽有。如果春节不是周末,不少人还会专门请假回家过年。

随着中国春节的国际影响日益增大,在一些过去不受中国文化影响的国家和地区,人们也积极参与到过中国年的行动中来,贴春联、放鞭炮、

✕ 日本横滨中华街的大年初一

看春晚等等，在他们看来也非常有趣，值得一试。更好玩的是，他们不仅喜欢上了用微信拜年和抢红包，而且学会了用中文说"宝宝们过年好""拜年了，老板发红包""谢谢老板"……将中国年轻人的网络流行语运用得炉火纯青。

一些国家和地区更是集体投入过春节的行列，以吸引更多中国游客在春节出行时选择它们为目的地。比如迪拜，每到春节前夕，不仅要拍摄具有浓浓中国风的宣传大片，向全世界推送，所有重要地标也都安排了中国春节相关的活动，将春节的传统民俗与本地时尚奢华的建筑和商业场所结合起来，再搭配绚丽壮观的烟花秀，成功吸引了来自全世界的关注。此外，在著名的哈利法塔，还要举行酷炫的中国新年主题灯光秀。

至于生活在中国的外国人，更是成为中国春节的忠实粉丝，包饺子、搓汤圆、写春联、发红包，没什么是他们搞不懂的。作为中国传统年俗的参与者、亲历者，他们早已深深地爱上了中国年味，迷上了中国文化。与此同时，他们还积极地向自己的家乡宣传中国文化，推广中国年俗，也使得中国春节具有更强大的包容性，更深远的影响力。

PART 03

唐人街，永不褪色的中国文化标识

唐人街是华人移居海外在其他国家城市聚居形成的特定地区。唐人街的形成，一方面是海外华人艰苦奋斗的历史见证，另一方面也是中华文化在海外传播，影响力日益强大的桥梁。

华人在海外聚居的地区之所以被称为"唐人街"，是由于唐朝在海外的巨大影响，让很多国家和地区长期以"唐"代称中国。即使是在宋、元、明几代，在世界各地，尤其是东南亚各国，也一直用"唐"来指称中国以及与中国有关的事物，称中国人为"唐人"，中国姓氏为"唐姓"，中国服饰为"唐衣"，中国商船为"唐舶"或"唐船"，而中国货物就是"唐货"，甚至连中国汉语，也被称为"唐语"。留居海外一年以上的华人，被当地人称为"住蕃"，外国人到中国超过一年不回去的，则被称为"住唐"。《明史·真腊传》记载：唐人就是外国人对华人的称呼，大凡海外的国家都这样叫。

最早的唐人街出现在唐代的日本，史称"大唐街"。1673年，清代才子纳兰性德在《渌水亭杂识》里写道：唐代就有人前往日本，他们居住的地方被称为"大唐街"，如今已有十里长了。作为中国历史上最为辉煌的王朝，大唐给全世界留下了最为深刻的印象，成为中国的代称，因此中国人也被海外习惯称为"唐人"，而"唐人街"的叫法一直延续至今。

历经千年的发展壮大，唐人街早已不局限于日本和东南亚诸国，在全世界主要的国家和城市，都不难找到唐人街的身影。这些在当地人眼中充满东方风情的唐人街，早已成为永不褪色的中国文化标识，融入全球化的世界版图。

谁能想到，漫步在国际时尚都会纽约曼哈顿岛，竟然会看到孔子广场、挂满汉字招牌的中餐馆、摆满中国传统工艺品的商店和杂货铺，写着"南无阿弥陀佛"的大乘寺——连麦当劳的广告看板上写的都是中文。没错，这就是美国人常说的"中国城"，被美国政府列入国家史迹名录的纽约曼哈顿唐人街。19世纪90年代，原本移民到美国西海岸的中国人受到加州《排华法案》排挤，被迫向东海岸迁移，最终在纽约曼哈顿岛的东南隅站稳脚，并发展壮大到现在的规模。一百多年来，唐人街不仅是中国移民踏入美国的首站，也是中华文化对外传播的桥头堡。

地处悉尼城市中心的悉尼唐人街，是澳大利亚规模最大的唐人街。19世纪上半叶，一批华人以劳工身份来到这里淘金，有少部分人坚持留下，以贸易、手工制造、洗衣、捕鱼为生。19世纪60年代，他们在悉尼坎贝尔街干草市场居住营生，后来逐渐形成了华人活动的中心区域，为悉尼唐人街的形成奠定了基础。现在的悉尼唐人街包括坎贝尔街、德信街、莎瑟街、皮特街等区域，南北两端各建一座中式牌楼，分别写有"通德履信""继往开来""四海一家""澳中友善"等字样。街区密布各类中餐馆、糕点铺、中医中药行、海鲜干货店、工艺品店、旅行社，中文招牌层层叠叠。逢年过节，悉尼唐人街大小商铺都张灯结彩，福字、春联、红灯笼随处可见，中华传统文化和习俗也在这里被完好地保留和传承下来。

泰国曼谷唐人街的历史也比较悠久，由18世纪迁到湄南河以东的华人

创建，如今已跨越三聘街、耀华力路、石龙军路、嵩越路等街区。随着泰国商界优秀华人的不断涌现，唐人街上的中国商会也不断增加。每到春节，唐人街就热闹非凡，满街都是各种年货和挑选年货的人，而传统年俗也在当地受到越来越多的关注。

南非约翰内斯堡的唐人街经过 20 多年的发展，就已成为当地的中国文化地标，其北端的中华牌楼已经成为约翰内斯堡的文化地标建筑。当地政府也将唐人街规划为机场通往市内沿线的五大景点之一。中国春节也成为当地市民的重要节日，而唐人街的大拜年活动更是受到数万民众的追捧。

每到春节、元宵节，唐人街就跟中国城市一样张灯结彩，喜气洋洋，龙灯、狮子等传统文化表演一个不少，成为春节期间当地最为热闹的街区。

PART 04

生肖邮票，让世界爱上中国文化

2020 年 1 月 10 日，为庆祝农历鼠年，联合国邮政管理处正式发行"中国农历生肖"系列庚子鼠年特别纪念邮票。这套邮票以中国传统剪纸艺术为灵感，以红色和金色为主色调，由中国设计师殷会利担纲设计，每套含 10 枚面值 1.2 美元的邮票。邮票的左半部分为蓝色的联合国会徽图案，右半部分为生肖鼠的剪纸形象。邮票右侧图案由中国画家殷会利设计。这是联合国自 2010 年以来发行的第 11 枚中国农历生肖邮票。

起源于中国的生肖文化得到世界各国人民的喜爱。迄今为止，世界上共有 100 多个国家和地区发行过生肖邮票。这是对中国文化的高度认同，亦是对中国农历新年的深情祝福。

世界上发行第一枚生肖邮票的国家并不是中国，而是深受中华文化影响的日本。1950 年，日本发行了世界上第一枚生肖邮票——虎年生肖邮票。此外，日本还发行了由 5 枚虎票组成的"十"字形图案的小型张。这是世界上第一种生肖邮票小型张，也是世界上唯一一种无齿生肖邮票小型张。此后，1958 年、1966 年，韩国和越南也分别开始发行生肖邮票。随后，中国香港、中国台湾、蒙古、老挝等地区和国家都先后发行了生肖邮票，生肖邮票火遍全亚洲。

✕ 法国发行的生肖邮票

    1980 年，生肖文化的"原产国"中国也发行了首套生肖邮票——猴票。这第一枚猴票由"画坛鬼才"黄永玉老先生亲手绘制。自那时起，中国每年都会发行生肖邮票，至今已有 40 年。最早的那套红色猴票早已成为价值不菲的收藏品，备受邮票藏家的追捧。

    方寸之间，每一张邮票串起的是一部生动的生肖文化史。这些邮票既妙趣横生，又精致美观，富有强烈的民族特色，深受老百姓的喜爱和广大集邮爱好者的青睐。

　　正是随着中国生肖邮票的持续发行和广泛流行传播，生肖邮票成为通行世界的中国文化标识。1992 年，美国邮政发行了生肖鸡邮票，此后一发不可收，陆续发行了狗、猪、鼠、牛等生肖邮票；2007 年，法国发行了第一枚生肖邮票，主图案是一只小胖猪，右上角写有中文"猪年"；2012 年，新西兰邮政推出了系列生肖邮票，一直延续至今；2019 年，英国皇家邮政发行了第八套生肖个性化邮票，甚至在其中融入了中国传统的五行文化……

　　据统计，生肖邮票已经成为世界上连续发行时间最长、发行国家（地区）最多的同一题材的专门类别邮票。小小的生肖邮票，早已成为全世界认识中国文化，爱上中国春节的一位信使。